미처 알지 못했던

행복한 가정의
비밀

미처 알지 못했던
행복한가정의
비밀

초판 1쇄 인쇄 2015년 8월 10일
초판 1쇄 발행 2015년 8월 17일

지은이 김승회, 이성동
펴낸이 한익수
펴낸곳 도서출판 큰나무
등록 1993년 11월 30일 (제5-396호)
주소 410-817 경기도 고양시 일산동구 호수로430번길 13-4
전화 031-903-1845
팩스 031-903-1854
이메일 btreepub@naver.com
블로그 blog.naver.com/btreepub

값 13,800원
ISBN 978-89-7891-295-2 (03180)

미처 알지 못했던
행복한 가정의
비밀

김승회 · 이성동 지음

큰나무

목차

SECRET 03 배려

SECRET 04 **소통**

프롤로그

가정의 행복은 마법처럼 찾아오지 않는다

모든 사람이 행복을 꿈꾼다. 모든 가정 역시 마찬가지다. 그러나 주변에는 행복하지 못한 사람, 행복하지 못한 가정이 많은 편이다. 남들이 볼 때는 전혀 부족함이 없어 보여도 행복하지 못하다고 하소연한다. 무엇이 문제일까?

일 때문에 퇴근·주말·가족을 포기한 가장들을 일컬어 흔히 삼포클럽 회원이라 한다. 이들이 가정에서 면죄부를 받던 시절이 있었다. 빈곤으로부터 벗어나는 게 최우선이었던 1990년대 중후반까지만 해도 그랬다. 하지만 지금은 아니다. 오늘날 가장은 돈을 잘 버는 것만으로는 부족하다. 일과 가정의 균형을 이루는 게 중요하다. 한쪽으로 치우쳐서는 안 된다. 인간관계 역시 마찬가지다.

살아가면서 받는 스트레스나 마음의 상처는 가까운 사람과의 인간관계에서 오는 게 절반 이상이다. 내 마음에 상처를 준 친구나 이

웃은 관계를 포기하거나 안 보면 그만이다. 그 과정에서 고통을 받기 하지만 비교적 쉽게 정리할 수 있다. 그러나 가족관계는 다르다. 가족은 죽을 때까지 얼굴을 마주하며 살아야 한다. 가장 난이도가 높은 인간관계라 할 수 있다.

가정이 행복해야 일하는 게 신나고 인생 또한 즐겁다. 그렇다면 행복한 가정을 만들려면 무엇을 어떻게 하면 될까? 행복한 가정의 비밀은 과연 무엇일까? 행복한 가족은 과연 무엇으로 살아내는 것일까? 본분 다하기, 존중, 배려, 소통, 돈이란 다섯 가지 솔루션을 실천하면서 살아낸다. 당신과 당신 가족이 미처 알지 못했던 행복한 가정 만들기의 비밀들을 반드시 찾을 수 있기를 바란다.

1장에서는 본분 다하기에 대해 말한다. 결혼한 남성과 여성의 7가지 본분 등 가족 구성원 각자 자신의 역할과 도리, 즉 본분을 다하는 법을 이야기한다. 2장에서는 존중에 대해 말한다. 가족 간 갈등이 폭발하는 원인은 서로 존중하지 않는 태도와 언행에서 비롯된다. 부부, 부모와 자식, 형제자매, 며느리와 시부모 등 가족이 서로를 어떻게 존중해야 하는지 소개한다.

3장에서는 배려에 대해 말한다. 부부, 가족 간 진정한 배려의 의미와 그 실천 방법에 대해 소개한다. 4장에서는 가족 간 진정한 소통의 의미와 실천 방법에 대해 말한다. 주는 것, 함께 하는 것이 왜 가족 간 마음을 나누는 진정한 소통 솔루션인지에 대해 이야기한다.

5장에서는 돈에 대해 말한다. 돈이 없어 하루에 한 끼만 먹어야 한다면, 그 가정이 과연 행복할 수 있을까? 한 가정이 행복해지기 위해 왜 돈이 필요한지, 필요한 돈의 범위와 돈을 어떻게 모으고 불릴 것인지에 대해 소개한다.

행복한 가정은 결코 마법처럼 한순간에 만들어지지 않는다. 본분 다하기, 존중, 배려, 소통, 돈이라는 낱알들이 하나둘씩 신뢰라는 탑을 쌓아 만들어진다는 사실을 명심하기 바란다.

김승희, 이성동

특별한 날, 특별할 때만 자식 노릇, 남편 노릇 하는 게 아니다.

평소에 하는 것이다. 거창한 것도 아니다. 그저 스치듯 얼굴 한 번 보는 것, 고맙다는 따뜻한 말 한마디가
바로 자식, 남편, 아내, 사위, 며느리로서의 본분을 다하는 것이다.

SECRET 01

본분
다하기

01
이혼 여행

인천공항까지 가는 리무진 버스 안에서 화영과 진수는 한마디도 나누지 않았다. 이혼 여행 다녀와서 쿨하게 헤어지자고 합의했지만 막상 출발하고 보니 착잡한 마음을 떨쳐버릴 수가 없다.

화영은 진수가 잘못을 빌고 여행을 취소하자고 하면 받아들이려고 했다. 하지만 진수는 입도 뻥끗 하지 않았다. 이런저런 생각을 하는 사이 리무진 버스는 어느새 영종대교를 지나고 있었다.

인천공항 출국장은 여름 휴가철이라 그런지 예상보다 훨씬 더 붐볐다.

"경제가 어렵다는데 여긴 완전히 딴 나라 같네?"

화영이 착잡한 분위기를 떨쳐버리려는 듯이 말했다. 집에서 나온 뒤 처음 꺼낸 말이었다.

"그러게. 병원 갈 때마다 아픈 사람도 참 많구나 느끼곤 했는데, 공항 와보니 여행 가는 사람도 많군."

진수도 사무적으로 답했다.

"경제가 아무리 어려워도 잘나가는 사람들은 많은가 봐."

진수의 말을 받아 화영이 부럽다는 듯이 툭 내뱉었다. 그러나 진수는 대답하지 않았다.

보안 검색대를 통과하자 면세점이 눈에 들어왔다. 화영은 두어 번 눈길을 주기만 할 뿐 탑승 게이트 15번을 향해 터벅터벅 발걸음을 옮겼다. 신혼여행 갈 때 정신없이 이 매장, 저 매장을 둘러보던 기억이 떠오르자 기분이 더욱 가라앉았기 때문이다.

두 사람의 착잡한 마음을 아는지 모르는지 로마로 향하는 비행기는 이륙했다. 오후 1시 35분이었다.

기내식을 먹고 나서 화영은 신문을 뒤적거리다 잠을 청하려고 좌석 시트를 젖혔다. 마음이 심란해선지 잠도 쉽게 오지 않았다. 몇 번을 뒤척이다가 감았던 눈을 뜨고 창밖으로 시선을 돌렸다. 비행기 아래로 구름이 바다처럼 펼쳐져 있었다. 구름파도 사이사이로 지난 일들이 하나둘씩 스쳐 지나갔다.

"은서야, 엄마 회사 다녀올게. 친구들이랑 잘 놀아. 엄마 일 마치고 빨리 올게. 자, 뽀뽀!"

화영은 네 살 된 딸 은서를 어린이집에 데려다주며 언제나 이렇게 작별 인사를 했다. 그런데 요즘은 웬일인지 은서가 울먹이면서 아무 말도 하지 않은 채 안으로 들어가 버리는 날이 많았다.

"엄마, 오늘 회사 가지 마. 회사 가지 말고 나랑 놀면 안 돼?"

은서는 절대 엄마에게서 떨어지지 않겠다는 듯이 치마를 붙잡고 늘어지는 날도 있었다.

'다른 애들이랑 잘 어울리지 못해서 그런 건가? 아니면 선생님이 혼을 많이 내서 그런가?'

자신과 떨어지지 않으려는 은서 생각을 하느라 일손이 쉬이 잡히지 않는 날이 많아졌다. 은서가 세 살 때까지는 고모가 봐주었다. 태어난 지 100일도 안 된 애를 어린이집에 맡겼더니 "엄마, 아빠"보다 "원장님"이란 말을 더 먼저 배우더라는 이야기에 충격을 받은 아빠가 고모의 승낙을 받아낸 덕분이다.

은서가 네 살이 돼 어린이집에 보내고 나서부터 문제가 시작됐다. 은서는 화영이 출근하기 위해 아침에 씻고 화장을 하려는 순간부터 울어대기 시작했다. 어린 은서였지만 엄마와 떨어지기 싫었기 때문이리라. 헤어드라이어로 머리를 말리는 둥 마는 둥 대충 끝내고 나서 화장을 했던 일, 보채는 은서를 달래느라 정신없이 아침 시간을 보냈던 기억들이 주마등처럼 스쳐갔다.

아침마다 떼를 쓰는 은서를 대할 때마다 화영은 남편이 지금보다 돈을 잘 벌면 좋겠다는 생각을 하곤 했다. 은행 그만두고 남편이 벌어다주는 돈으로 은서를 돌보며 둘째 낳고 평생 동안 그저 평범한 주부로 살아도 걱정 없을 정도로 말이다. 돌아가신 엄마 말처럼 '평범한 직장인 말고 돈 잘 버는 남자와 결혼할걸' 하는 생각을 하며 혼자 씁쓸하게 웃기도 했다.

더구나 진수는 최근 들어 화영을 더욱 열받게 하고 있었다. 맞벌이 부부로서 가사와 육아는 공동으로 분담하자던 약속을 시간이 지날수록 지키지 않고 있었다. 맞벌이 부부는 일과 가사를 합쳐 남자보다 여자가 평균 1시간 더 일한다는 통계청의 통계를 떠올리며 화영은 혼자 씁쓸하게 웃곤 했다. 다람쥐가 쳇바퀴 돌리듯 화영은 육아와 가사, 직장 일을 모두 소화하고 있었다. 당연히 정신적·육체적 피로와 스트레스가 쌓여갔다. 화영 자신만의 시간을 가져본 적이 언제였는지 생각이 나지 않을 정도였다.

'꼭 이렇게 아등바등 살아야 하나? 다른 애들은 수영도 다니고 골프도 배우고 그런다는데 난 이게 뭐지? 이러다 반장을 넘어 가장 역할까지 해야 하는 건 아닐까? 이럴 거였으면 차라리 그냥 싱글로 눌러앉을걸.'

반장!半長 엄마와 주부 역할은 물론 가장의 역할 역시 절반 이상 책임지고 있는 여성을 이르는 말이다. 진수는 결혼하면 돈 걱정 없이 살게 해주겠노라고 큰소리쳤었다. 하지만 그 호언장담은 실현 가능성이 점점 멀어지고 있었다.

대학 다닐 때 받은 학자금 대출금을 갚느라 신혼 초부터 생활비를 적게 주는 것은 이해를 했다. 문제는 주식 투자로 돈을 날린 것이 벌써 두 차례나 된다는 것이었다. 그 후유증으로 생활비를 못 받았던 기간이 2년이나 됐다.

더 큰 문제는 진수가 다니는 회사의 사무직 평균 퇴직 연령이 40대 후반이라는 것이었다. 화영은 만일 진수가 40대 후반에 퇴직하고 나면 반장이 아니라 가장 노릇까지 해야 할지도 모른다는 생각을 여러 차례 했다. 화영은 결혼을 서둘렀던 것이 후회스럽기까지 했다. 워킹맘의 비애니 반장의 숙명이니 하는 말들이 주변에서 들릴 때마다 자꾸 그런 생각이 들었다.

비행기 창 너머로 끝없이 펼쳐진 구름바다를 보며 화영은 마치 출구가 보이지 않는 자신의 현재와 같다는 생각이 들어 길게 한숨을 내쉬었다.

02

내 남편은 해당화

여행 2일 차, 로마의 아침이 밝았다. 화영과 진수는 여행 팀 멤버들과 같이 로마 교황청이 있는 바티칸 시티 관광에 나섰다. 온종일 로마 시내를 돌아다니고, 저녁 식사 후 호텔로 돌아가려는 화영을 보며 이번 여행 팀의 친목회 회장이 말을 걸었다.

"총무님, 호텔 근처에서 맥주 한잔 어때요? 우리가 명색이 회장, 총무인데 술 한잔 해야 하지 않겠어요?"

회장의 갑작스런 제안에 화영이 아무 말도 못하고 있는 사이 진수가 좋다며 따라나섰다. 회장과 회장 부인, 진수와 화영은 호텔 근처 카페에 자리를 잡았다.

"자, 한잔 합시다. 건배사는 뭐가 좋을까요?"

잔을 가득 채운 뒤 회장이 이렇게 말하자 진수가 답했다.

"'해당화!' 어떻겠습니까?"

"그게 무슨 뜻입니까?"

회장 부인이 궁금하다는 듯 묻자, 진수 대신 회장이 나섰다.

"'해가 갈수록 당당하고 화려하게'라는 뜻이야. 우리 부부처럼 나이 든 사람들에게 어울리는 건배사지."

"네, 맞습니다. 그런데 '해가 갈수록 당신만 보면 화가 나'라는 뜻도 있답니다."

진수의 농에 세 사람이 재미있다는 듯이 웃었다. 그러나 화영의 속내는 달랐다.

'흥, 본인한테 딱 해당되는 말이네.'란 생각을 했기 때문이다.

건배사가 재미있다며 웃던 회장 부인이 갑자기 정색을 하며 말했다.

"이 양반이 바로 후자에 속하는 해당화였지."라며 남편 흉을 보기 시작했다. 신혼 두 달이 지났을 때 처음 싸움을 했더란다. 그때 맞벌이였는데 남편은 전혀 집안일을 안 했다고 한다. 도저히 못 참겠어서 아침에 먼저 출근해 버렸다고 말했다.

"그랬더니 이 양반이 왜 아침밥을 안 차려주느냐며 화를 내더라고. 두 분은 어떠신가? 거의 안 싸우지?"

회장 부인의 질문에 화영과 진수는 웃음으로 대신했다. 회장 부인도 가볍게 따라 웃었다. 신나게 싸우고 나서 누가 먼저 화해를 청하지 않아도 저절로 화해가 이루어지더라는 말도 했다.

"신혼 때 신길동의 방 한 칸짜리에서 살았어. 장롱 들어가고 나니까 두 사람이 발을 제대로 뻗을 수 없을 정도로 좁았지. 할 수 없이 대각선으로 누워서 잤어."

회장 부인의 말에 진수가 감이 잡힌다는 듯이 말했다.

"아, 일부러 그런 게 아니라 자면서 자연스럽게 스킨십이 되더라 이 말씀이군요."

"맞아요. 만약에 방이 두 개 있는 집에서 신혼 살림을 차렸다면 벌써 이혼했을지도 몰라. 싸우고 나서 꼴도 보기 싫다며 각방 쓰고 그러다 보면 냉전 기간이 더 길어졌을 테니까."

회장 부인이 자신의 몸 위로 남편의 다리가 올라오는 듯한 제스처를 취하며 말했다. 그런 자신의 아내를 사랑스런 눈빛으로 바라보던 회장이 동조한다는 듯이 말했다.

"왜 부부 싸움은 칼로 물 베기란 말이 있잖아. 그게 다 부부가 같은 방에서 잘 경우에 가능한 일이라는 걸 난 그때 깨달았어. 내가 얻은 진리가 뭔지 알아? 한 이불을 덮고 자야 진정한 부부란 거야."

화영과 진수는 공감이 가지 않는다는 듯 멀뚱한 표정을 지었다.

"젊은 사람들이니까 이해가 안 되지? 요즘에는 각방을 쓰다가 부부 관계를 할 때만 합방하는 사람들도 있다고 그러대? 그런 사람들은 진정한 부부라고 안 봐요. 그냥 동거인이거나 섹스 파트너라는 생각이 들더라고."

화영과 진수는 잠자코 있었다. 그런 두 사람을 향해 회장 부인이 다시 말했다.

"어떤 이유로든 따로 자는 부부들은 이혼 확률이 높다더라고. 난 그 말에 공감이 가. 따로 자다 보면 우선 대화가 사라질 테고 다음엔 스킨십, 그다음엔 부부 관계가 사라질 테니까. 그러니 두 분도 죽기 살기로 싸우더라도 잠은 반드시 한 방에서 한 이불 덮고 자구려. 그게 백년해로하는 비결이야."

"일리 있는 말씀이네요. 남편의 코골이 때문에 따로 자는 부부들의 이혼율이 더 높다는 통계도 있더라고요."

진수가 회장 부인과 회장의 말에 동조하며 말했다. 자신이 은서를 데리고 잔 것이 화영과 사이가 멀어지게 된 이유 중 하나가 될 수 있었다는 생각이 들었기 때문이다.

03
개과천선한 사나이

"사실은 이 양반이 교장을 끝으로 정년 퇴직하면 곧바로 이혼하려고 했었어."

완전 의외라는 표정을 짓고 있는 화영을 향해 회장 부인이 다시 말했다.

"숱하게 싸우면서 이 양반과 결혼한 걸 수천 번도 더 후회했거든. 그런데 이 양반이 5~6년 전부터 갑자기 달라지더라고. 그 좋아하던 술을 입에도 대지 않고 집안일도 도와주기 시작하는 거야. 자기 이부자리도 정리하지 않던 양반이 말이지."

회장은 자신이 변신하게 된 계기가 여동생 때문이라고 말했다. 고등학생 딸아이를 두고 있는 여동생이 집에 찾아와서는 다음과 같은 질문을 던졌다고 했다.

"오빠, 수경이한테 자취하면서 제 오빠 밥해주고 설거지하면서 학교 다니라면 어떤 반응을 보일 것 같아?"

"아마도 싫다고 펄쩍 뛰겠지. 오빠랑 반반씩 해야지 왜 자기가 다 해야 하느냐고 따지겠지."

"그럼 나는 왜 오빠랑 남동생이랑 자취하면서 밥하고 설거지하면서 학교 다녔는지 알아?"

회장이 대답을 못하자 여동생은 다음과 같이 말했다고 한다.

"그게 당연하게 받아들여지던 시절이었기 때문이야. 지금은 세상이 달라졌기 때문에 절대 안 하겠지만. 황혼 이혼하는 사람들이 왜 많아졌겠어? 세상이 변했는데도 가부장적 시절만 생각하며 사는 남자들이 많기 때문이 아닐까? 오빠도 계속 그렇게 살다간 황혼 이혼 당할지 몰라!"

회장은 동생의 말을 듣고 정신이 번쩍 들었다고 말했다. 그는 그 뒤로 며칠 동안 아내가 결혼 생활에 만족하며 살았을지, 자신은 남편과 가장으로서의 본분을 다한 건지 곰곰이 생각해봤다고 했다. 자신은 가장으로서 돈은 벌어다줬지만 종합적으로는 빵점 수준이더라고 했다.

"아, 가장으로서 돈도 잘 벌어야 하는 건 물론이고 아내를 존중하고 배려하는 것도 남편의 본분이라는 뜻이군요."

가만히 듣고 있던 화영이 회장의 말에 응하자, 진수가 화영을 바라보며 말을 꺼냈다.

"그럼 결혼한 여자도 행복한 가정을 만들기 위해 아내이자 주부로서 다해야 할 본분이 있겠군요."

진수의 말이 끝나고 나서도 화영과 진수, 회장 부인은 잠시 침묵을 지켰다. 그런 세 사람을 보며 회장이 말했다.

"한 가정이 행복하려면 각자의 본분을 다하는 것이 가장 먼저란 게지. 그런데 대부분의 사람들은 자신의 본분은 다하지 못하면서 남편 탓, 아내 탓, 며느리 탓 먼저 하더라고. 집안에 잘 안 되는 일이 있으면 더 그렇지. 두 분도 평생 동안 기억하고 실천하시게. 가정 행복의 첫걸음은 묵묵히 자신의 본분부터 다하기 위해 노력해야 한다는 걸 말이야."

회장은 자리를 정리하고 일어서며 진수에게 USB를 건넸다.

"내가 개과천선하기로 마음먹은 이후부터 정리한 거야. 두 사람이 꼭 한번 읽어보면 좋을 거야. 지금까지 미처 몰랐던 행복한 가정 만들기 비밀을 찾을 수 있을 거야."

호텔방으로 돌아온 진수는 방에 있던 노트북에 USB를 꽂았다. USB에는 다섯 개의 폴더가 담겨 있었다. '본분 다하기', '존중', '배려', '소통', '돈'이었다. 진수는 '본분 다하기' 폴더를 열어, 첫 번째 파일 '열심히 일만 한 당신, 떠나라'를 읽기 시작했다.

04
열심히 일만 한 당신, 떠나라

대기업 부장 46세 김영준은 직장에서 능력을 인정받은 남부러울 것 없는 사람이다. 업무 능력이 뛰어나고 대인관계도 원만해서 입사 동기 중 선두로 승진했다. 임원까지 갈 거라고 평가받는 인재이다.

가정에서도 아무런 문제가 없어 보인다. 맞벌이 부부라 경제적 어려움이 없고, 노후 준비도 비교적 잘 해놨다. 두 살 아래인 아내는 초등학교 교사이고, 중학교 3학년 아들 초등학교 6학년 딸이 있다.

그러나 김 부장은 가정 문제로 남모를 고민을 갖고 있다. 최근 들어 아내와 아이들로부터 부쩍 소외감을 느낀다. 일이나 골프 약속, 경조사 등이 없어 모처럼 주말에 집에 있는 날이면 더욱 그랬다. 아들과 딸에게 영화 보고 맛있는 거 먹으러 가자고 해도 아이들은 언제나 시큰둥했다. 아들은 친구들 만난다며 나가버리거나 딸은 제 엄마와 외출하기 일쑤였다. 결국 그는 홀로 남겨져 거실 소파에 앉아 신문을 뒤적이며 메이저리그 야구경기를 보다 사우나에 가곤 했다.

그래도 그런 날은 양반이었다. 비라도 오는 날이면 아내와 아들, 딸 모두 김 부장이 집에 있는 자체에 불편을 느끼는 기색이 역력했다. 아내는 안방에서, 아들과 딸은 각자의 방에서 아예 나오지 않았다. 그럴 때면 그는 탈출하듯이 사우나로 향하는 신세가 되었다.

'아내는 그렇다 쳐도 아이들은 왜 피할까? 어릴 때 많이 놀아주지 않아 불만을 드러내는 건가? 내 죄라면 지들 먹여 살리려고 새벽부터 밤늦도록 죽어라 일한 것밖에 없는데…. 도대체 뭘 잘못한 걸까?'

김 부장은 깊은 한숨을 내쉬는 날들이 점점 더 많아지고 있었다.

김 부장이 외도를 하는 것도, 술 마시고 주사가 심하거나 폭력을 휘두르는 것도 아니다. 그런데도 왜 김 부장은 가족들이 불편해하는 존재로 전락했을까? 본분을 다하지 못했기 때문이다. 김 부장은 돈을 잘 버는 것만이 자신이 다해야 할 본분의 전부라고 생각했다. 김 부장 말고도 대부분의 결혼한 남자들이 갖고 있는 생각이기도 하다.

그러나 이건 착각이다. 가족들이 먹고살 돈을 버는 것은 가정을 이룬 남자가 해야 할 여러 가지 본분 중 하나일 뿐이다. 김 부장은 이런 사실을 전혀 모르고 있기 때문에 가족을 위해 '열심히 일했지만 떠나라'는 소리를 듣고 있는 것이다.

05
가정 이룬 남자가
지켜야 할 7가지 본분

이 땅의 결혼한 모든 김 부장, 이 과장, 박 대리들이 자신의 가정을
행복하게 만들기 위해 다해야 할 본분은 7가지로 정리할 수 있다.

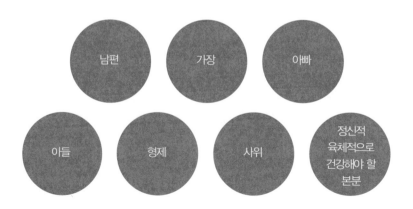

김 부장의 문제는 아내와 자녀들이 그가 남편과 아빠로서의 본분은 다 하지 않았다고 생각한다는 것이다.

김 부장의 아내는 워킹맘이다. 그녀는 엄마와 주부로서의 본분 외에도 반장의 역할까지 맡고 있으니 당연히 남편으로부터도 집안일과 아이들 교육 문제에 도움을 받기 원했을 것이다. 하지만 회사와 일이 최우선인 삼포클럽 회원 김 부장은 아내의 기대를 충족시키지 못했을 가능성이 높다.

그뿐만이 아닐 것이다. 아이들 문제로 대화를 하고 싶어도 남편은 시간을 내주지 않았을 것이다. 대화를 한다 해도 아이들 문제를 아내에게 떠맡겼을 가능성이 높다. 김 부장은 주말도 없이 아침 일찍 출근해서 밤늦게 퇴근하는 퇴포, 주포클럽 회원일 테니까 말이다.

이처럼 김 부장 부부 사이에는 커다란 간극이 발생했을 것이다. 어쩌면 김 부장은 아내가 걸레질을 하면 소파에 앉은 채로 발만 슬그머니 올리고, 식탁 위의 그릇도 절대 치우는 법이 없었을 것이다. 남편이 외도를 한 게 아니고, 정력이 떨어져서 부부 관계에 문제가 있는 게 아니더라도 아내는 불만이 쌓였을 것이다.

김 부장의 아들과 딸 역시 마찬가지다. 어렸을 때부터 아빠보다는 엄마와 함께 하는 시간이 훨씬 많았을 것이다. 당연히 아빠와 대화하거나 무언가를 같이 하는 것에 불편함을 느낄 수밖에 없다. 익숙지 않기 때문이다. 이런 상황에서 불쑥 등산 가자거나 영화 구경 가

자고 말하면 거절당할 수밖에 없다.

김 부장이 아내와 아이들로부터 '돈 벌어주는 사람' 정도라는 인식을 벗어날 수 있는 방법은 가장으로서의 본분을 다하고 있다는 것에만 만족하지 않는 것이다. 7가지 본분 중 남편, 아빠로서의 본분을 다하기 위한 노력도 최우선순위에 올려놓아야 한다. 회사에서 열심히 노력하는 것만이 전부가 아니다. 일과 가정의 균형을 맞추는 게 절대 필요하다. 가정 행복의 초석은 '가족 각자가 자신의 본분을 다하는 것'이다. 결혼한 여성은 물론 자녀들 역시 마찬가지다.

중요한 것은 한 가정이 행복해지기 위한 첫 번째 조건이 바로 남자의 본분 다하기라는 것이다. 그러므로 남자가 먼저 가장, 남편, 아빠로서의 본분을 다하는 것이 중요하다.

이제부터 가장으로서 돈만 잘 벌어다주면 된다는 생각은 쓰레기통에 버려라. 그렇지 않으면 가족들로부터 "열심히 일만 한 당신, 떠나라."는 소리를 듣게 될 것이기 때문이다.

06
왜 '울트라 슈퍼 워킹맘'만 있는 걸까

결혼한 여성 역시 남성과 마찬가지로 7가지 본분을 다해야 한다.

주목할 점은 결혼한 여성들의 본분의 변화가 빠르게 진행되고 있

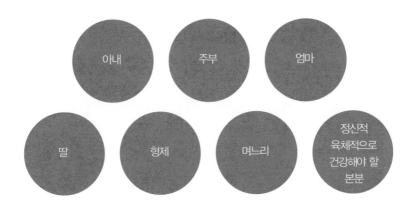

다는 것이다. '출가외인'이란 말이 있듯, 20세기 중반만 해도 결혼한 여성의 본분 중 딸과 형제로서의 본분은 약한 편이었다. 물론 며느리로서 본분을 다해야 한다는 사회적 요구가 더욱 커졌지만 말이다.

21세기의 기혼 여성 대부분은 가사와 육아에만 매달리지 않고 남성들처럼 밖에서 일을 한다. 하고 싶은 일을 하면서 누구의 아내나 엄마가 아닌 자신의 삶을 살겠다는 여성도 많지만, 남편의 소득만으로는 부족해 가장의 본분을 짊어진 이들이 많은 편이다. 이 같은 변화는 결혼한 여성들이 다해야 할 본분 7가지에다 새로운 본분을 추가하게 만들었다. 가장으로서 돈을 버는 본분, 즉 '반장'이라는 본분이 추가돼 8가지의 본분을 다하며 사는 여성들이 많아진 것이다.

반면, 결혼한 남성들은 어떨까? 8가지의 본분은 커녕, 7가지의 본분을 다해야 된다고 생각하는 이도 그리 많지 않은 편이다. 김 부장처럼 맞벌이임에도 가사와 육아를 전혀 하지 않거나 부분적으로만 하는 이들이 대부분이다. 돈만 잘 벌면 가정에서 자신이 다해야 할 본분을 충분히 다한 것이라 생각하는 남성들이 제법 많기 때문이다.

이처럼 결혼한 여성 중에는 7가지 본분에다 반장이라는 본분을 다하며 사는, 이른바 슈퍼 워킹맘들이 왜 많은 걸까? 여성이 남성보다 본분의 영역에서 진화의 속도가 훨씬 빠르기 때문이다. 환경의 변화에 여성은 잘 적응하는 반면 남성은 그렇지 못한 편이다.

전업주부로 살다가 남편이 실직하거나 사업 실패로 돈을 벌지 못하면 대부분의 아내는 돈을 벌기 위해 무슨 일이든 한다. 환경의 변화에 맞춰, 가족 돌봄이라는 주부로서의 본분뿐 아니라 가장의 역할에 발 빠르게 적응하는 것이다. 심지어 홀로 가장의 역할을 맡기도 한다. 그렇다고 주부, 엄마로서의 본분은 물론 딸과 며느리로서의 본분을 포기하는 것도 아니다. 가히 울트라 슈퍼 워킹맘인 셈이다.

물론 결혼한 남성 중에 가장, 남편, 아빠로서의 본분을 충분히 다 하면서 가정에서 설거지와 청소를 하는 등 주부로서의 역할을 잘하는 이들도 있다. 이들 역시 8가지의 본분을 다하는 남성들이라 할 수 있다. 그러나 그런 남자는 그리 많지 않다. 남자는 돈만 벌어오면 된다는 생각을 하는 사람들이 훨씬 많기 때문이다.

물론 불량 맘들도 제법 있다. 맞벌이란 이유로 가사와 육아를 가사도우미나 남편에게 떠넘기는 이들 말이다. 그들은 이렇게 말한다.

"여자의 몸으로 직장에서 열심히 일하고 오면 체력이 달려서 파김치가 된다. 집안일은 체력이 좋은 사람이 해야 하지 않을까? 그게 꼬우면 내가 당장 직장 그만둬도 될 정도로 돈을 많이 벌어오든가!"

이렇게 말하면서 주말이면 낮잠을 잔다. 그러다가 친구한테 연락이 오면 언제 그랬냐는 듯 친구 만난다며 외출을 한다. 물론 아이 챙기고 청소하고 밥하는 것 등 주부로서의 본분도 대부분 남편 몫이다. 그래도 이런 남성들을 '울트라 슈퍼 하우스 워킹대디'라 부르진 않는다. 울트라 슈퍼 워킹맘들에 비하면 아주 소수이기 때문이다.

07
시대가 원하는
멋진 남자의 3가지 조건

    강한 자가 아니라 변화에 잘 적응하는 자가 살아남는다는 말이 있다. 가정에서 역시 마찬가지다. 결혼한 남성들 역시 변화된 가정의 성 역할에 잘 적응해야 살아남을 수 있다. 직장에서 은퇴하거나 실직한 남자들만의 얘기가 아니다. 결혼 1년 차 남자든, 30년 차 남자든 마찬가지다. 현 시대가 요구하는 성 역할의 변화에 적응하지 못하면 가정이라는 울타리 밖으로 퇴출될 수밖에 없다.

    시대가 원하는 멋진 남자가 되기 위해서는 새로운 모델이 필요하다. 이 시대가 요구하는 결혼한 남성의 바람직한 상은 무얼까? 첫째, '스칸디 대디'가 되어야 한다. 스칸디 대디란 북유럽 국가들의 경우처럼 육아와 가사에 적극 동참하는 남성을 말한다. 아내의 육아 몫 중 절반을 뚝 떼어 맡고, 청소와 요리 등 집안일도 아내와 절반씩 나눠

하는 남편을 말한다.

그렇다면 우리나라의 현실은 어떨까? 2014년 한국여성 정책연구원이 전국 13세 미만 자녀를 둔 취업 여성 5,209명을 대상으로 아내와 남편의 평일 육아 시간을 조사한 결과를 보면 맞벌이 가정에서 육아 시간 분담 비율은 아직도 아내가 2.3~2.5배 더 높다는 사실을 알 수 있다.

아내와 남편의 육아 시간(평일)

행복한 노후를 위해 연금보다 더 우선적으로 필요한 것이 앞치마라는 말이 있다. 아내에게 필요한 5가지는 경제력, 건강, 딸, 친구, 반려동물이고, 남편에게 필요한 5가지는 아내, 부인, 처, 마눌님, 와이프님이란 우스갯소리도 있다. 흉내만 내는 게 아닌 진정한 스칸디 대디가 많아져야 한다는 뼈 있는 일침인 셈이다.

둘째, '프렌디(Friendy, Friend와 Daddy의 합성어)'가 되어야 한다. 아이들에게 친구 같은 아빠가 되는 것을 말한다. 아이들이 사춘

기일 때는 물론이고 대학생이 되고 성인이 된 이후에도 등산, 여행, 스포츠 등을 함께 할 수 있는 친구 같은 아빠가 되라는 것이다.

셋째, '취함부(취미를 함께 하는 부부)'가 되어야 한다. 남편으로서의 본분을 다하는 방법 중 최고를 꼽으라면 아내와 취미생활이나 봉사활동 등을 함께 하는 것을 들 수 있다. 남편 자신이 좋아하는 취미나 봉사활동이 아니라 아내가 좋아하는 것이라면 더욱 효과적이다. '취함부' 되기가 왜 남편으로서의 본분 중 효과가 최고일까? 심리학자 매슬로우가 말한 인간 욕구의 5단계설 중 최상위인 자아실현의 욕구를 충족시킬 수 있기 때문이다.

아이들이 성장해서 경제적으로 독립하는 시기가 되면 아내와 남편은 시간적, 경제적으로 여유를 찾고 자신이 살아온 삶을 되돌아보게 된다. 이때 3가지 유형의 부부가 나타난다. 첫 번째는 남포, 마포 유형이다. 아내는 남편을 포기하고 남편은 마누라를 포기하고 사는 부부 유형을 말한다. 남편은 자신이 하고 싶은 일이나 취미활동을 하러 다니고, 아내는 주로 집안일이나 자녀 뒷바라지를 하거나 종교활동 또는 가끔 친구를 만나며 하루하루를 보낸다.

두 번째는 따로국밥 유형이다. 남편과 아내가 각자 자신이 하고 싶은 일이나 취미, 봉사활동 등을 따로따로 하면서 살아가는 유형의 부부를 말한다. 남포, 마포 부부의 전 단계 부부 유형이라 보면 된다.

첫 번째와 두 번째 유형은 대개 부부라기보다 그저 가족으로 사는 이들이다. 그렇게 살다가 아예 황혼 이혼하는 부부들도 있다. S전자 임원을 지내고 은퇴한 50대 후반의 남성 P씨 부부가 그렇다. P씨 부부는 남편이 은퇴한 지 딱 1년 만에 이혼 소송에 들어갔다. 아내는 돈도 있고, 애도 다 컸으니 이제 남편과 편안하게 살 수 있을 거라 기대했는데 남편은 산악회 한다고 늘 술 마시고 다니는 등 회사 다닐 때와 전혀 다르지 않더라는 것이 이유였다.

세 번째가 '취함부' 유형이다. 세 유형 중 부부 금실이 가장 좋다. 생각해보라. 부부가 스포츠 댄스나 배드민턴을 함께 한다든지, 낚시나 마라톤을 함께 하는 모습을 말이다. 이 시대가 원하는 가장 멋진 남편은 '취함부'가 되기 위해 노력하는 남자 아닐까? 아내와 백년해로하길 원한다면 부디 '취함부'가 되기를 바란다.

08
부모로서의 본분에 대하여

　행복한 가정을 이루기 위해 중요한 것 중 하나가 아빠와 엄마, 즉 부모로서의 본분을 다하는 것이다. 부모로서 자녀들에게 해줘야 할 본분은 무엇이고 어디까지 해줘야 하는 걸까?

　부모로서 다 해야 할 가장 기본적인 본분은 3가지다. 첫 번째는 자녀가 경제적으로 자립할 때까지 의식주 문제를 해결해주는 것이고, 두 번째는 올바른 인격체로의 성장에 필요한 가정교육을 해야 한다. 세 번째는 경제적으로 자립하는 데 필요한 지식과 지혜를 배울 수 있도록 교육시켜야 할 의무이다.

　우리나라 부모들은 미국이나 유럽 등 서구 사회에 비해 부모로서 짊어져야 할 본분이 더 많은 편이다. 첫 번째는 대학 교육비다. 미국에서는 대학 등록금은 자신이 스스로 해결해야 하는 편이다. 물론,

미국 부모 중에도 자녀의 대학 등록금을 전액 지원해주는 이들도 있다. 반면 우리나라의 경우 부모가 대학 등록금을 내줄 형편이 되지 않아 학자금 대출을 받는 자녀들도 많은 편이지만 그들의 부모 역시 형편이 된다면 대학 등록금을 지원해줄 의사가 100%에 가깝다.

두 번째는 결혼 비용이다. 미국 등 서구 사회에서는 신혼집을 비롯해 결혼 준비 비용도 대부분 본인들이 해결한다. 반면 우리나라는 부모가 지원해주는 경우를 주변에서 쉽게 발견할 수 있다. 왜 이 같은 현상이 생겨난 걸까? 학업 마치고 취업을 해서 결혼 적령기까지 열심히 돈을 모아도 남자든 여자든 혼자서는 그 비용을 감당하기 어렵기 때문이다. 사정이 이렇다 보니 부모가 나설 수밖에 없다. 문제는 지원할 여력이 없는 부모가 훨씬 더 많다는 것이다. 아들딸 시집, 장가는 보내야겠는데 돈이 없어 가슴만 새까맣게 타들어가는 부모들이 많은 것이다.

"귀하게 키운 내 딸이래서가 아니라 얘가 몸이 좀 약한 편이지 않은가. 그런데 어떻게 출근 시간만 1시간 반이 넘게 걸리는 곳에 신혼집을 마련한다는 말인가? 그러니 자네가 사돈어른께 잘 말씀드려서…."

이 정도면 그래도 양반이다.

"미영이 친구들은 다 아파트에서 신혼살림을 시작했다는데 단독주택 전세가 뭔가. 아파트를 사달라는 것도 아니지 않은가. 그래도 전

세는 돼야 하지 않겠는가. 아파트 전세라도 아니면 내 딸 데려갈 생각은 아예 꿈도 꾸지 말게…."

결국 아들 장가보낼 마음에 집을 담보로 1~2억 정도 대출받아서 자식의 전셋집을 구해주는 부모들도 제법 된다. 이들에게 대출금 뒷감당을 어떻게 하려고 그랬느냐고 물으면 "나중에 아들 장가보내보세요. 그때 가면 우리 심정 이해가 될 겁니다."라고 말한다.

왜 이렇게 부모들이 대출 받으면서까지 자녀를 결혼시키는 사례들이 생겨나는 것일까? 조선시대부터 몇 백년 동안 내려오는 관습 때문이다. '결혼할 때 남자는 살 집, 여자는 혼수를 장만해야 한다.'는. 최근 들어서는 저출산으로 인한 자녀 수 감소와 지나친 온정주의, 그리고 체면을 챙기는 문화 때문에 더 심해졌다.

최근 십수 년 동안, 그리고 향후 몇십 년 동안 우리 사회를 관통할 트렌드 중 하나가 저출산과 고령화 현상이다. 그렇다면 저출산 현상은 왜 최근 몇십 년 동안의 트렌드로 자리 잡았을까? 왜 둘도 많다며 하나만 낳는 부부들이 늘어난 걸까? 심지어는 '능력이 안 되므로 아예 아이를 낳지 말아야지.'라는 시각은 왜 생겨나는 것일까?

근본적인 이유는 하나만 낳아도 부모로서의 본분 다하기가 힘든 세상이 됐기 때문이다. 삼포, 오포 세대라는 말이 그래서 나온 것이리라.

아이를 낳으면 어린이집 보내야 하고, 영어유치원도 보내고 싶은 게 인지상정이다. 초등학교 때는 태권도에 미술학원부터 시작해서 학원 3~4곳은 보내야 하고, 중·고등학교 때는 학원비로 매달 1~200만 원은 들어야 한다. 이게 전부가 아니다. 대학 등록금에 결혼 비용까지 보태줘야 한다.

이 같은 사회적 현상이 감당이 되지 않을 것 같기 때문에 자식을 하나만 낳고 마는 부부들이 많아졌다. 대책도 능력도 없으면서 무책임하게 둘셋씩 낳기 싫다는 것이다.

그렇다면 부모로서의 본분 다하기가 자녀를 결혼시키는 것으로 끝날까? 아니다. 두 가지가 더 남아 있다. 하나는 결혼 후 손주가 태어나면 손주 양육까지 떠안는 부모들도 있다는 것이다. 손주 돌보다 허리디스크가 생겨 허리를 제대로 쓰지 못하는 할머니들도 많다. 오죽하면 미혼 자녀들한테 나중에 절대로 손주 봐주지 않겠다는 선언을 하는 부모들이 있을까? 두 번째는 하던 사업이 실패하고 나서 손을 벌리는 자녀들을 도와줘야 하는 부모들도 제법 된다는 것이다.

지금까지 소개한 현상과 사례들은 특히 1, 2차 베이비 부머(1차 : 1955년~1963년, 2차 : 1968년~1974년 사이에 태어난 사람들을 지칭하는 말) 세대들에서 많이 발생된다. 이들 중 대부분은 고교 시절, 자신의 교복을 다리미로 직접 다려 입은 세대였다. 그런데 지금은 아들은 물론 딸의 셔츠까지 매주 다려줘야 한다. 자식들은 학원 가야 해서 교복 다릴 시간이 없기 때문이다.

그래도 과거에는 자녀들이 성장하면 부모를 부양하는 관습이라도 있었다. 그러나 지금은 거의 유명무실해졌다. 자녀들이 부모에게 용돈만 드리는 비율이 해마다 증가하고 있을 뿐이다. 통계청이 전국 1만 7664가구에 상주하는 만 13세 이상 가구원 3만 7,000명을 대상으로 한 '2014년 사회조사' 결과가 이를 증명하고 있다. 베이비부머 세대들 중 생활비를 스스로 해결한다는 비율이 50.2%를 차지했다. 2008년의 46.6%보다 3.6% 높아졌다. 이는 조사 이후 처음으로 절반을 넘어선 수치이다. 부모를 정성껏 부양했지만 정작 자신들은 자녀로부터 부양받지 못하면서 오히려 자녀들까지 부양해야 하는 낀세대들의 슬픈 자화상인 셈이다.

부모의 사랑은 무한대여야 한다. 그렇다면 '부모로서의 본분 또한 무한대여야 한단 말인가'라는 말을 떠올리게 만드는 통계라 할 수 있다.

09
무자식이 상팔자인가

한 가정이 행복하기 위해서는 자녀들이 각자의 본분을 다하는 것
도 매우 중요하다. 아무리 부모가 자신들의 본분을 잘하는 가정이
라 해도 자녀가 자신의 본분을 다하지 못하면 행복하기 어렵다.

상식적인 얘기지만 청소년기와 결혼 전까지 자식으로서 다해야 할
본분은 공부나 운동, 예능 등 자신이 선택한 분야에서 최선을 다해
열심히 노력하는 것이다. 그러나 안타깝게도 우리 주변에는 과도한
게임, 음주와 흡연, 반항, 가출 등으로 일탈을 저지르는 자녀들이 제
법 있다. 극소수지만 이들보다 더 극단적인 선택을 하는 경우도 있
다. 스스로 목숨을 끊는 경우 말이다.

이들 가정이 안고 있는 문제는 어디에 있는 것일까? 부모가 모범
을 보이지 않으면서 자식은 뭐든 열심히 하기를 바라기 때문일까?

일리 있는 말이다. 부모는 소파에 누워 TV를 보며 빈둥거리면서 자녀에게 게임 좀 그만해라, 책 읽어라, 공부하라고 얘기해 봤자 별 효과가 없다. 오히려 반감만 살 뿐이다.

자식은 부모를 보고 자란다는 말이 있다. 자녀에게 기대하는 바가 있다면 부모가 먼저 솔선수범하는 게 필요하다. 자식에게 부정적인 모습만 반복적으로 보여주면 자식도 부모의 나쁜 습관을 따라 할 가능성이 높다. 물론 이 말이 어떤 경우에나 꼭 맞는 것은 아니다.

아버지의 지나친 음주와 가정폭력을 보고 자란 아들들 전부가 성인이 되어 폭력적인 성향을 드러내는 것은 아니다. 아버지와는 정반대로 아예 술을 입에 대지도 않고 가정적인 사람들 또한 제법 많다. 영화배우 출신으로 미국의 40대 대통령을 지낸 로널드 레이건이 대표적인 사례이다. 레이건 대통령의 아버지는 알코올중독자였지만 레이건은 술을 입에 대지 않았다고 한다.

때로는 부모의 지나친 관심과 사랑이 오히려 자녀에게 독이 되고 가정 행복을 파괴하는 원흉이 될 수 있다. 그렇다고 자녀가 하고 싶은 대로 방치하는 것도 올바른 교육법이라 할 수 없다.

청소년기의 자녀들이 스트레스 받지 않으면서 부모들이 원하는 자식 된 본분을 다하도록 만들고 행복한 가정 또한 이룰 수 있는 방법이 있을까? 적어도 다음의 3가지를 권하고 싶다.

첫째, 공부가 중요하지만 꼭 공부를 잘하지 않아도 훌륭한 사람이 될 수 있다며 자녀에게 꿈을 가지라고 말한다.

둘째, 자녀의 재능이 무엇인지 발견해 그 재능을 발휘할 수 있도록 여건을 만들어줘야 한다. "잘한다, 넌 잘할 수 있다."라는 격려의 말을 자주 해주는 것도 중요하다.

셋째, "사랑한다."는 말을 자주 해야 한다. 한국보건사회 연구원이 17세 이하 자녀를 둔 가구 4,007세대를 대상으로 한 조사에 의하면 부모 중 20%는 '자녀가 원할 때 애정 표현을 하거나 사랑한다는 말을 전혀 하지 않는다'고 한다. 자녀를 사랑하지 않는 부모는 없다. 그러나 사랑하는 마음만이 중요한 게 아니다. 표현하는 것이 중요하다.

"너만 공부 잘하면 우리 가족 모두가 행복할 텐데…."라는 말 대신 "우리 가족 모두가 널 사랑한다."라는 말을 해줘야 한다. 한 아버지는 매일 아들이 잠들기 전 다음과 같이 말한다. "아들, 사랑한다. 일등으로."

청소년기의 자녀가 본분을 다하지 못하게 만드는 원인은 대부분 부모에게 더 많은 편이지만, 아무리 부모가 노력해도 자신의 본분을 다하지 못하는 자녀도 있다.

특히 성인이 된 후에도 자식으로서의 본분을 다하지 못하는 이들도 많다. 취업이나 결혼을 하지 않아 부모 속을 썩이는 사람들을 말하는 게 아니다. 부모에게 패륜에 가까운 언행을 서슴지 않는 자식들도 있다. 물론 부모의 경제적 능력이 부족해서 그런 이들도 많지만 그렇지 않은 경우도 많은 편이다.

매달 생활비를 얼마씩 주겠다고 약속을 하고 부모에게 전 재산을 물려받은 다음 몇 달 주고서는 한 푼도 안 주는 사례가 대표적인 경우다. 이처럼 무자식이 상팔자란 생각을 들게 만드는 사례를 주변에서 쉽게 발견할 수 있다.

물론 자식으로서의 본분을 다하고 사는 사람들이 훨씬 많다. 그렇다면 자식의 본분은 어디까지일까? 각 가정마다 고유의 가풍이 있고 개인마다 가치관이 다르므로 정답은 없다. 그러나 부모의 말은 무조건 복종하면서 다 따라야 한다든지, 과거 가부장 시대처럼 부모를 모시고 살면서 부양해야 하는 게 자식으로서 다해야 할 본분이라고 하기는 어렵다. 다만 경제적, 신체적으로 자립 능력이 안 되는 부모는 어떤 경우라도 반드시 부양해야 하는 것이 아들딸의 본분을 다하는 것이라 할 수 있지 않을까?

10

한 명만 잘돼도
형제들 먹여 살린다는데

　형제간의 본분을 다하는 것은 한 가정의 행복에 그다지 큰 영향을
미치지 않을 것이라 생각하는 이들이 많다. 가족의 단위가 소가족,
핵가족화됐기 때문이다. 하지만 현실은 그렇지 않다. 매일매일은 아
니지만 형제들끼리는 가족 모임, 부모 부양과 재산 분할 문제, 형제
간 발생한 돈 문제 등으로 인해 좋든 싫든 얼굴 보면서 살아야 하기
때문이다. 형제간 갈등이 가장 심한 경우는 역시 돈 문제다. 재산 분
할을 놓고 형제끼리 소송을 거는 재벌가의 경우처럼 나눌 몫이 클수
록 형제간 불화 또한 커지는 게 일반적인 현상이다.

　예를 들어보자. 잘사는 형과 직장에서 명퇴한 후에 자영업을 하다
가 쫄딱 망한 동생이 있다. 동생이 살던 아파트가 경매로 넘어가서
길거리에 나앉게 생겼으니 돈을 빌려달라고 했을 때 형은 어떻게 반

응할까? 대부분 다음과 같은 두 가지 유형이 나타난다. 첫 번째는 형제간에는 돈 거래 안 한다며 냉정하게 거절하는 놀부 같은 유형이다. 두 번째는 자기 형편에 맞게 도움을 주는 유형이다. 대부분의 형제가 이 유형에 속한다. 그런데 이런 경우에도 대부분 주는 형과 받는 동생 간에 간극이 발생한다. "이 정도가 내가 해줄 수 있는 한도다."와 "그 정도 능력이면 이 정도는 해줄 수 있을 텐데." 사이의 입장 차이가 발생하는 것이다. 서로의 입장 차이는 서운함과 갈등으로 연결된다.

부모 입장에서는 자식이 어렵다며 손 내밀 때마다 어떻게든 도와주려고 한다. 하지만 형제는 부모와는 다르다. 배우자가 끼어들면 문제는 또 달라진다. 동생을 도와주면 아내와 불화가 심해질 것이고, 아내 말을 따르면 동생한테 평생 원망을 듣게 될 상황에서 이러지도 저러지도 못하는 경우가 제법 있다.

형제가 다투거나 반목하지 않으면서 사는 것 역시 행복한 가정을 이루기 위해 중요하다. "한 명만 잘돼도 자기 형제들 다 먹여 살리더라"는 말이 있듯 형제끼리 도움을 주고받고 사는 게 형제로서의 본분을 다하는 것이다.

사 형제 모두 베이비 부머 세대인 전용화 씨가 대표 사례다.

1958년 개띠 생인 전용화 씨는 현재 가죽 관련 회사를 경영하고 있다. 전 씨가 처음부터 사업을 한 건 아니었다. 대학 졸업 후, 여느 사람들처럼 일반 기업에 취업해서 평범한 직장 생활을 했다. 창업은 1995년에 했다.

창업한 지 2년 만인 1997년 말에 외환위기를 맞아 파산의 위기에 처하기도 했으나 이를 잘 극복했다. 외환위기는 살아남은 전 씨에게는 오히려 전화위복이 됐다. 부실했던 경쟁자들 대다수가 사업을 접거나 축소한 덕분에 빠르게 사업을 성장시킬 수 있었기 때문이다.

이후, 2014년까지도 전 씨의 사업은 큰 어려움 없이 잘 굴러갔다. 그렇다고 탄탄대로는 아니었다. 거래처의 파산 등으로 몇 억씩의 불량 채권이 발생해 여러 차례 돈을 받지 못하기도 했다. 다행히 모두 감당할 만한 수준이었다.

전 씨는 사 형제 중 둘째다. 두 살 위인 누나와 두 살 아래인 남동생, 다섯 살 아래인 여동생이 있다. 전 씨가 형제들에게 도움을 주기 시작한 건 1998년부터다. 전업주부였던 누나가 남편 몰래 살던 집을 담보로 대출을 받아 주식 투자를 했다가 1997년 말에 터진 외환위기로 몽땅 날렸다. 투자 손실을 알게 된 매형이 누나와 다투기 시작하더니 급기야 이혼하네 마네 하는 상황에까지 이르게 됐다. 결국 전 씨가 칠천만 원을 지원해 대출금을 다 갚고 나서야 문제가 해결됐다. 문제는 이게 끝이 아니라 시작에 불과했다는 것이다. 다시는 주식을 안 하겠다던 누나는 손실금을 만회하겠다며 전 씨에게 한 번에 3~4천만 원씩 수차례에 걸쳐 돈을 빌려갔다. 물론 그 돈은 아직까지 한 푼도 돌려받지 못했다.

여기까지는 그래도 약과였다. 더 큰 문제는 매형이 2009년에 다니던 회사에서 명예 퇴직한 후에 발생했다. 2011년 초에 누나와 매형은 프랜차이즈 커피 전문점을 창업했다. 그러나 계속 적자가 나서 결국 1년 만에 폐업할 수밖에 없었다. 폐업 결과는 참혹했다. 퇴직금과 아파트를 담보로 대출받은 돈을 합해 투자한 3억 5,000만 원 중에서 임대 보증금 5,000만 원 정도밖에 회수하지 못했기 때문이다. 당장 먹고살 수입이 한 푼도 없던 누나는 또다시 전 씨에게 손을 벌렸다.

전 씨는 남동생에게도 도움을 줬다. 학원을 하는 여성과 결혼한 남동생은 잘 다니던 직장을 그만두고 경기도 성남시에 학원을 크게 차렸다. 그러나 학원 운영은 생각만큼 잘 되지 않았고 결국 3년 만에 문을 닫았다. 학원이든 커피 전문점이든 문을 닫으면 빚을 질 수밖에 없다. 대부분의 경우, 적자가 상당 기간 지속되고 나서야 문을 닫는 결정을 내리기 때문이다. 남동생 역시 아파트를 담보로 대출받은 빚이 있었다. 전 씨는 이 빚도 갚아주어야 했다. 누나 빚 갚아준 사실을 알고 있는 남동생 부부로부터 평생 원망을 듣지 않을 유일한 방법이라 판단했기 때문이다. 그뿐만이 아니었다. 남동생네 식구를 먹여 살릴 방책도 강구해야 했다. 결국 전 씨는 남동생을 아예 자신 회사의 직원으로 채용해서 지금까지 함께 일하고 있다.

막내인 다섯 살 아래 여동생은 중학교 교사였고 매제는 회사원이었다. 여동생 부부는 경제적으로 큰 문제가 없었다. 하지만 형평성이란 관점에서 경제적 도움을 주지 않을 수 없었다. 결국 여동생 부부가 아파트를 살 때 지원해주는 것으로 균형을 맞췄다.

전 씨의 형제로서의 본분은 이게 끝이 아니었다. 이번에는 처남이었다. 의대를 졸업하고 지방 도시에서 개인 병원을 운영하던 처남의 병원은 계속 적자가 났고 결국 문을 닫을 수밖에 없었다. 문을 닫고 난 처남은 좀 더 큰 병원을 인수하겠다며 전 씨에게 투자를 요청해왔다. 이때도 전 씨는 처남의 요청을 거절할 수 없었다. 만약에 거절했다가는 처남과 얼굴을 붉히는 것은 물론, 자신의 형제들에게 도움을 준 사실을 알고 있는 아내로부터 평생 동안 원망을 받을 것이 분명했기 때문이다.

어쩔 수 없이 전 씨는 처남이 인수한 병원에 투자를 했다. 투자라기보다는 돈을 준 것이나 다름없었다. 지금까지 배당금을 한 푼도 받지 못했고 투자금을 회수할 가능성 또한 매우 낮기 때문이다. 그나마 다행인 것은 명예 퇴직 후 별다른 소득이 없이 지내던 매형을 병원의 원무 업무를 총괄하는 부장으로 취업시켰다는 것이었다.

이렇게 전 씨가 자신의 형제와 아내의 형제를 돕기 위해 쓴 돈은 10억이 조금 넘는 수준이었다. 남동생과 매형이 자신의 회사, 그리고 처남 병원에서 일하면서 받는 급여는 제외한 금액이다.

전 씨가 형제들에게 준 모든 돈은 증여 방식으로 준 게 아니었다. 빌려주거나 투자하는 형식이었다. 그러나 전 씨의 지갑에서 나간 돈은 아직 한 푼도 회수되지 않고 있다.

전 씨가 자신의 형제와 아내의 형제까지 도울 수 있었던 것은 도와줄 능력이 됐기 때문이다. 그러나 자신이 도와줄 여력이 충분하더라도 전 씨와 같이 하는 사람은 그리 많지 않은 편이다. 이런 형제들의 관계는 대부분 좋지 않다. 아예 의절하며 사는 형제들도 많다. 한밤중에 몰래 자신들의 논에 쌓아두었던 볏단을 동생네와 형님네로 번갈아 가며 옮기던 형제애는 찾아보기가 쉽지 않은 게 현실이다.

형제간의 갈등과 다툼은 왜 일어나는 것일까? 저마다의 이유가 있겠지만 2가지 정도의 이유가 있다고 할 수 있다.

첫째는 부모가 자식들에게 재산을 공평하게 물려주지 않아서 발생한다. 형제들이 비교적 합리적이라며 고개를 끄덕일 정도로 분배가 되지 않은 데 그 불씨가 있는 셈이다. 그렇다고 부모의 생각이 불합리했던 것만은 결코 아닌 경우가 대부분이다. 다음과 같은 상황들을 반영해서 내린 결론일 확률이 높기 때문이다.

여러 이유들로 부모가 자녀에게 재산을 물려줄 때 상속법이 정하는 비율과는 차이가 나게 유산 상속을 한다. 그러나 여기서부터 갈등이 싹튼다. 다음과 같은 식이다.

"인마, 넌 재산을 제일 많이 물려받았잖아. 당연히 네가 어머니를 모셔야지, 왜 내가 모셔야 한단 말이냐."

"아버지께서 그래도 형님은 대학까지 공부시키셨잖아요. 큰 형님이 안 계시니까 어머니는 차남인 형님이 모셔야…."

이런 분란을 미연에 방지하는 합리적인 방법은 최대한 상속법의 기준을 따르는 것뿐이다.

둘째는 형제로서 지켜야 할 본분이 명확히 정의되지 않았다는 것이다. 형제끼리의 금전 관계는 어느 선까지가 본분을 다하기에 적정한 것인지에 대한 기준이 없다. 이런 이유로 인해 부모로부터 물려받은 재산이 많고 적음을 떠나 형제간 갈등과 다툼이 빈번하게 발생한다. 특히 형제가 다 같이 넉넉하지 못하게 사는 편보다는 주로 형제 중 한 사람이 성공해서 돈을 많이 벌었을 경우에 많이 발생한다.

돈을 제법 번 형제는 동생에게, 형에게, 오빠에게 도움을 줄만큼 줬다는 생각을 한다. 그러나 형제들의 생각은 다르다. 특히 잘산다는 이유로 유산을 가장 적게 물려받았던 형제가 사업 실패 등의 이유로 어려워진 경우라면 불만이 가장 클 확률이 높다.

물론 경제적 형편이 넉넉하지 못한 형제간에도 갈등과 다툼이 발생한다. 대표적인 경우가 하던 사업이 망해서 길거리에 나앉게 생겼으니 돈 좀 빌려달라는 경우다. 나 자신도 형편이 넉넉하지 못한데, 이 같은 상황에 처한다면 어떻게 하는 게 합리적인 걸까? 우선 경우의 수부터 생각해보자. 이 같은 경우는 다음의 둘 중 하나일 것이다.

하나는 적금이나 예금을 깨면 어렵게 된 형제가 원하는 수준의 돈은 안 되더라도 일부는 줄 수 있는 경우다. 다른 하나는 형제를 도우려면 자신이 대출을 받아야 하는 상황이다. 이 같은 상황에서의 가장 큰 문제는 어떤 경우든 배우자가 반대한다는 것이다. 만약 대출받아서 형제를 도와주면 배우자와 다툼이 생기고, 도와주지 않으면 형제와 갈등이 생긴다. 그래서 아예 형제끼리는 돈 거래 안 하는 게 좋다면서 왕래를 끊고 서로 얼굴도 보지 않고 사는 형제들도 제법 있다. 반면 형제와의 돈 문제로 부부가 다투다 이혼까지 가는 경우도 있다.

형제가 도움을 청하면 어떤 형태로든 일단 도와줘야 하는 게 형제로서 지켜야 할 본분이다. 그렇다면 어느 수준까지 도움을 주는 게 합리적인 수준이라 할 수 있는 걸까? 다음과 같이 상황에 따른 도움의 원칙 3가지를 생각해볼 수 있다.

첫 번째는 자신이 형제의 어려움을 경제적으로 해결해 줄 수 있는 능력이 되는 상황이다. 이 같은 상황에서는 전용화 씨처럼 도움을 줘야 한다.

두 번째는 형제에게 도움을 주려면 적금이나 예금, 펀드 등을 해약해야 하는 상황이다. 이런 상황에서는 적금이나 예금, 펀드 등 현금화가 가능한 금융 상품 총액의 삼분의 일에서 절반을 넘지 않는 범위 내에서 해약하는 것이 좋다. 이 같은 수준이면 형제와 배우자 모두에게 최선을 다한 합리적인 방법이라 할 수 있다.

세 번째는 형제에 도움을 주기 위해서는 자신이 대출을 받아야 하는 상황이다. 이 같은 상황에서는 자신보다 훨씬 더 어려운 상황에 처한 형제이므로 대출을 받아서라도 도움을 주는 것이 좋다. 자신이 3년 정도 열심히 저축하면 대출받은 원리금을 모두 갚을 수 있는 수준에서만 도움을 베풀어야 한다. 이때 명심해야 할 점은 배우자가 번 돈은 제외하고 혼자 감당할 수 있는 수준이어야 한다는 것이다.

또한 반드시 고려할 사항이 있다. 만일 형제가 상황이 어려운 이유가 음주 등 유흥비로 돈을 흥청망청 썼거나 도박에 빠졌기 때문이라면 위의 도움의 원칙을 따를 필요가 없다는 것이다.

11

우선순위는 012

각자의 본분을 다 하려다 보면 가족의 본분별로 충돌이 일어나는 고민스런 상황들과 제법 자주 마주치게 된다. 행복한 가정을 이루기 위한 중요한 지혜 중 하나는 이같이 가족 간에 발생할 수 있는 여러 상황에 슬기롭게 대처하는 것이다.

대표적인 상황이 아내와 어머니가 갈등하는 경우다. 아내 편을 들면 아들로서의 본분을 다하기 어렵고, 어머니 편을 들면 남편으로서의 본분을 다하기 어렵게 된다. 이런 경우는 어떻게 하는 것이 좋을까?

아들이나 딸, 즉 자식으로서의 본분과 아빠와 엄마, 즉 부모로서의 본분이 충돌하는 경우도 있다. 통계청의 2014 조사에 의하면 우리나라 대학생 63%는 자신의 학비를 전적으로 부모에 의존한다.

(장학금 17.7%, 대출 11.2%, 스스로 마련 7.6%다.) 반면 부모의 생활비를 자녀(사위, 며느리 포함)가 부담하는 비율은 49.5%다. (부모 스스로 해결은 앞서 소개한 것처럼 50.2%다.)

이 통계를 보면 자식으로서의 본분보다는 부모로서의 본분 다하기에 더 높은 비중을 두고 있다는 것을 알 수 있다. 다해야 할 본분 끼리 우선순위를 두고 충돌이 일어난다는 것이다. 해법은 상황에 따라 다르지만 의사결정을 내리기 위한 기준은 있어야 한다. 순리를 따른다면 우선순위는 '012'다.

'0'은 부부 사이가 0촌이므로 가족끼리 갈등이 벌어질 경우, 부부 사이의 본분 다하기를 0순위로 하라는 의미이다. 아내와 어머니가 갈등이 심한 경우나 남편과 친정 부모와의 갈등이 있는 경우 모두 남편과 아내로서의 본분 다하기를 더 우선해야 가정 행복이 유지될 확률이 더 높다.

'1'은 부자지간이 1촌이므로 자식으로서의 본분과 부모로서의 본분 다하기를 1순위로 하라는 의미이다. "당신의 인생에서 가장 행복했던 순간은 언제였나요?"라는 질문을 던지면 "원하던 학교에 합격했을 때", "취업했을 때", "승진했을 때" 등의 답이 나온다. 하지만 "결혼했을 때", "첫아이가 태어났을 때"란 답이 가장 높게 나온다. 이는 자신의 배우자, 자녀와 한 가정을 이루고 사는 게 가장 행복한 인생이라는 것을 의미한다. 현재를 살고 있는 사람들의 의사결정 형태를 참조하는 것도 필요하다. 자녀 등록금 지원 비율이 부모 생활비 지원 비율보다 높은 것(63% 대 49.5%)을 보면 현재의 사회는 위로 부모와의 1촌 사이보다는 아래인 자녀와의 1촌 사이의 본분 다하기를 좀 더 우선한다고 볼 수 있다.

'2'는 형제끼리는 2촌이므로 형제로서의 본분을 지키는 것이 2순위라는 의미이다.

이 같은 순위가 절대적인 것은 아니다. 상황에 따라, 개인의 가치관에 따라 다른 의사결정을 내릴 것이기 때문이다. 한 가지 더 참조할 것은 시대에 따라 의사결정을 내리는 데 참고해야 할 가치관이 달라진다는 것이다.

만약에 우리가 조선시대에 살고 있다면 충효 사상이 중요하므로 자식으로서의 본분 다하기를 0순위에 올려놔야 할 것이다. 또한 아내와 어머니의 갈등이 있는 경우도 남편으로서의 본분보다는 자식으로서의 본분 다하기를 더 우선해야 할 것이다.

이처럼 본분 다하기는 시대가 요구하는 가치관에 따라 진화하고 있다는 것을 기억해두는 것이 좋다. 가정 행복을 위한 현명한 의사결정을 내릴 수 있으려면 말이다.

12
있을 때 잘해라

국내 유명 C대학의 정영식 교수는 대학 다닐 때 소개로 만나 첫눈에 반한 아내와 대학원 조교 시절에 결혼에 골인했다. 결혼의 경제학 "부자 되려면 일찍 결혼하라"는 원칙을 충실히 실행한 것이다.

신혼살림은 반지하 월세방에서 시작했다. 배우는 학생이라 돈도 없고, 집이 가난해서 부모에게 손을 내밀 형편도 아니었다. 신혼여행은 꿈도 꾸지 못했다. 정 씨는 아내에게 미안해하며 나중에 형편이 나아지면 그때 가자고 했다.

아내는 유학을 다녀와야 교수 될 수 있다며 정 씨에게 강력히 권했다. 유학 얘기가 나올 때마다 정 씨는 망설였다. 아내는 무슨 일을 해서든 학비를 댈 테니 걱정하지 말라고 했다. 장학금 받는 게 자신을 도와주는 거라면서. 결국 결혼 1년 만에 정 씨는 미국 유학길에

올랐다.

정 씨 유학 중에 아내는 하루 열 시간 넘게 일하며 꼬박꼬박 학비를 보냈다. 아내, 주부로서의 본분은 물론 가장의 본분까지 떠맡은 아내의 헌신적인 노력 덕분에 정 씨는 박사 학위를 취득하고 귀국할 수 있었다.

정 씨 부부는 아이를 갖지 않았다. 아내가 일해야 했기 때문에 형편 좋아지면 그때 갖기로 했다. 그러나 정 씨가 시간강사 자리를 얻은 뒤에도 경제 사정은 생각만큼 쉽게 풀리지 않았다. 시간강사 몇 년 하면 전임 되고 또 몇 년 노력하면 조교수 되고 그럴 줄 알았다. 그러나 현실은 호락호락하지 않았다. 시간강사료가 많이 올랐다고는 하지만 겨우 두 식구 먹고살 수 있을 정도였다. 그나마 다행인 것은 아내가 일해서 버는 돈은 꼬박꼬박 저축할 수 있다는 것이었다.

아내는 학습지 교사와 우유 배달, 아이들 과외, 베이비 시터까지 돈 되는 일이라면 닥치는 대로 했다. 베이비 시터 일이 끝나면 아이들 과외하는 식이었다. 귀국하고 나서 그렇게 5년 정도가 지난 어느 날, 아내가 정 교수에게 불쑥 통장을 내밀면서 말했다.

"전임 발령 받으려면 돈을 내라고 노골적으로 요구하는 곳들이 있다던데 이 돈으로 알아봐."

아내가 내민 통장 잔고는 1억이었다. 조그만 아파트 사서 이사하는 게 꿈이라며 결혼 후 10년 동안 안 입고 안 쓰며 악착같이 모은 전 재산이었다. 통장에 찍힌 동그라미 숫자 8개와 아내의 얼굴이 교차됐다. 몸이 아파도 병원 가지 않고 번 돈의 95%를 저축했다고 자랑하던 아내의 그 얼굴 말이다.

정 교수는 조용히 통장을 아내 쪽으로 밀었다.

"이게 어떤 돈인지 잘 알아. 아니야, 돈이 아니지. 당신의 피와 땀과 혼이기 때문에. 난 이거 절대로 받을 수 없어."

"나도 당신 마음 잘 알아. 그래도 이 돈으로 전임 교수 되는 게 낫지 않을까? 언제까지 기다릴 수만은 없잖아. 당신이 빨리 자리를 잡아야 애도 가질 수 있고. 내 나이도 있는데."

아내가 이렇게 말했지만 정 교수는 돈 봉투를 아내 쪽으로 더 세게 밀었다.

"이 돈은 은행에 예치했다가 나중에 조그만 아파트 전세라도 얻을 때 쓰자. 전임 자리는 실력으로 꼭 따내고 말 테니 조금만 더 기다려 줘."

아내는 정 교수 말을 받아들이지 않았다. 어떻게 하염없이 기다리느냐면서. 그날 밤, 부부는 통장을 놓고 밀고 당기기를 수백 번도 더 했다. 그러다 부부는 서로를 부둥켜안고 펑펑 울고 말았다. 결국 그 돈은 아껴뒀다가 전임 발령받고 나면 아파트 얻고 여행도 다녀오는 용도로 쓰자는 것으로 합의를 했다.

그 일이 있고 난 후 6개월이 지나 정 교수는 전임 발령을 받았다.

교수 임용 경쟁이 무척 치열했지만 당당히 실력으로 선택받았다. 임용 사실을 통보받자마자 정 교수는 아내에게 전화를 했다. 아내는 당사자인 정 교수보다 훨씬 더 좋아했다. 정 교수는 아내에게 지금 당장 나오라고 했다. 그러나 아내는 7시에 보자고 했다. 6시나 돼야 일이 끝난다며 맛있는 저녁을 먹자고 했다. 자기는 샴페인을 준비하겠다고 했다.

정 교수는 시간에 맞춰 약속 장소에 나갔다. 그런데 이상한 일이었다. 아내는 약속 시간이 30분이 지나도록 오지 않았다. 전화도 한 통 없었다.

'일이 조금 늦게 끝났나? 미용실 들러 머리하느라 늦나? 차가 막혀서 그런가? 전화는 왜 안 받는 거지? 배터리가 다 됐나?'

정 교수는 온갖 생각들을 떠올리며 아내를 기다렸다. 아내가 일하는 곳에서는 6시가 되자마자 총알보다 더 빠르게 나갔다고 했다. 정 교수는 그렇게 한 시간을 기다리다 식당을 나왔다. 전철을 타고서 한참을 가던 도중에서야 정 교수의 핸드폰이 울렸다. 정 교수는 틀림없이 아내일 거라는 반가운 마음에 얼른 핸드폰을 꺼냈다. 그러나 핸드폰 창에는 집사람 번호 대신 낯선 번호가 떠 있었다. 웬 낯선 남자가 대한병원 응급실이라고 했다.

"아내분께서 횡단보도를 건너다 무단 질주하던 차에 치여…."

정 교수는 그다음 말은 듣지 못했다. 아니 무슨 말인지 전혀 귀에 들어오지 않았다. 커다란 망치로 두들겨 맞은 것처럼 멍한 상태로 그렇게 한참 동안을 두 눈 멀쩡히 뜨고 서 있었다. 전혀 믿기지가 않았다. 아무것도 보이지 않고 들리지도 않으며 아무 생각도 떠오르지 않았다.

응급실에 도착했을 때 다행히 아내는 살아 있었다. 하지만 의식불명 상태였다. 의사는 마음의 준비를 하라고 했다. 그래도 정 교수는 희망을 잃지 않았다. 아니 희망의 끈을 놓을 수가 없었다.

3일이 지나고, 드디어 작은 기적이 일어났다. 아무런 반응이 없던 아내가 속삭임을 들었는지 눈물을 흘리기 시작하며 정 교수의 두 손을 꼭 잡았다. 얼마 동안을 그렇게 있더니 정 교수 얼굴을 자기 두 손 가까이 오라고 했다. 그러고 나서 힘 없는 두 손으로 하염없이 흐르는 눈물을 닦아주며 힘들게 말했다.

"영식 씨, 정말 축하해. 그런데 이렇게 좋은 날 왜 울어? 울지 마. 우리 정 교수님, 울지 마세요. 환하게 웃어보세요. 결혼하고 고생은 좀 했지만 행복했어. 그러나 이젠 같이 할 수 없을 것 같네. 나 먼저 하늘나라에 가 있을 테니 멋진 교수님 돼 내 몫까지 살고서 천천히 와. 영식 씨, 나 사랑하지?"

아내는 숨이 가쁜지 한참 동안 말을 잇지 못했다. 그런 아내를 향해 정 교수가 말했다.

"그럼, 사랑하고 말고. 그러니 꾀병 부리지 말고 훌훌 털고 일어나.

벌떡 일어나서 날 축하해 줘야지, 무슨 소리야."

정 교수 말을 듣고 난 아내가 미소 지으며 말했다.

"영식 씨, 내 부탁하나 들어줘. 영식 씨 교수 되면 신혼여행 못 간 대신 유럽 여행 같이 가고 싶었어. 나 죽더라도 꼭 한번 데려가 줘. 이탈리아, 파리, 스, 스 스으, 스이…."

스위스란 말을 마치지 못하고 아내는 끝내 눈을 감고 말았다.

정 교수는 매년 2월이면 여행을 떠난다. 아내와 영혼 여행을 가기 위해서다. 여행 코스도 매년 똑같이 이탈리아, 프랑스, 스위스를 들른다. 비행기 좌석도 관광지 입장권도 두 장씩 끊는다. 물론 한 장은 아내 몫이다. 호텔 방도 언제나 트윈룸을 예약한다.

여행지에서 만난 부부들이 정 교수의 행동에 의아해하면 그는 다음과 같은 당부를 하곤 한다.

"형편이 나아지면 잘해주겠단 생각부터 버리세요. 사랑이 유효 기간이 있는 건 아니지만 그렇다고 언제까지 기다려주지도 않거든요. 아내나 남편이 지금 이 순간, 내 곁에 있을 때 잘해주세요. 이 세상에서 가장 슬픈 사람이 누군지 아세요? 사랑하는 사람의 이름을 수만 번 불러도 대답을 들을 수 없는 사람입니다. 맛있는 것 같이 먹고 싶어도 그 사람이 이 세상에 없는 사람입니다. 돈을 많이 벌어다주는 게 전부가 아니에요. 나중에 돈 벌면 근사한 명품백 사주겠다는 다짐 대신 퇴근할 때 아내가 좋아하는 붕어빵 한 봉지, 만두 한 봉지를 사들고 가세요. 그게 남편으로서의 분분을 훨씬 더 잘하는 거예요."

사람들은 자신이 가족에게 본분을 다하지 못하는 이유가 형편이 좋지 않아서, 돈이 없어서 그렇다는 말을 한다.

"형편이 나아지면, 돈 많이 벌면…."

그때가 오기 전에 사랑하는 아내, 남편, 부모님은 이미 떠나 버리는 경우가 제법 많다. 컨디션이 안 좋다고 해서 정밀 검진을 받았는데 3개월밖에 살 수 없다는 말을 듣는 일은 드라마에서나 볼 수 있는 게 아니다. 당신의 부모, 남편, 아내, 자녀, 형제 등 가족 누구에게 언제든 일어날 수 있는 일이다.

당신 역시 마찬가지다. 배우자와 함께 할 시간이 1년도 채 남지 않았을 수 있다는 사실을 알아야 한다. 부부 둘만 함께 하는 하루 평균 시간을 계산해보라. 일하는 시간, 잠자는 시간, TV 보는 시간을 빼고 나면 하루 한 시간이 채 안 되는 부부도 많을 것이다. 40년 동안 하루 한 시간씩 함께 한다면 1년 8개월, 30분씩을 함께 한다면 9개월 정도밖에 남지 않았다. 아마 부모님, 자녀들과 함께 할 시간은 더 짧게 남았을 것이다.

진정한 본분 다하기는 형편이 될 때, 여유가 있을 때, 돈 많이 벌었을 때, 내가 하고 싶을 때 하는 게 아니다. 당신 배우자가 곁에 있을 때, 부모님이 살아 계실 때, 당신 자녀와 형제가 옆에 있을 때 최선을 다하는 것이다.

특별한 날이나 특별할 때만 자식 노릇, 남편 노릇, 가장 노릇 하는 것도 아니다. 평소에 하는 것이다. 거창한 것도 아니다. 전화 한 통, 그저 스치듯 얼굴 한번 보는 것, 수고했다는 말 한마디, 고맙다는 따뜻한 말 한마디가 바로 자식, 남편, 아내, 사위, 며느리로서의 본분을 다하는 것이다.

지금 당신의 아내, 남편, 자녀가 당신의 사랑을 기다리고 있다. 명품백도 멋진 차도 최고의 아웃도어 브랜드도 원하는 게 아니다. 군고구마 한 봉지, 붕어빵 한 봉지에 담긴 당신의 사랑을 원하고 있을 것이다. 오늘 당신의 사랑을 모두 퍼줘라. 내일도 모든 사랑을 퍼줘라. 인간의 사랑이란 창고엔 바닥이 없다. 그러니 부디 있을 때 잘하고 함께 하는 시간도 대폭 늘리기 바란다.

가족끼리 존중하는 마음이 배려나 소통보다 더 우선해야 한다.

본분을 다하지 못하거나 배려나 소통이 부족하다고 가족의 불화가 폭발하지는 않는다.
그러나 존중이 없는 부부나 가족 간에는 폭언과 다툼, 포기로 연결될 확률이 높다.

SECRET 02

존중

01
부부는 무엇으로 사는가

여행 3일째 날이 밝았다. 화영과 진수는 호텔에서 조식을 마친 후 관광 버스에 올랐다. 오늘의 여행 코스는 이탈리아 남부로 이동해 비운의 도시 폼페이와 나폴리 관광이었다. 점심 식사 후에는 지중해 연안 도로를 따라 이동했다. 절벽 위에서 죽기 전에 꼭 한번 봐야 한다는 곳, 〈돌아오라 소렌토로〉와 〈오! 솔레미오〉로 유명한 아름다운 가곡의 고향인 소렌토 시가지를 구경했다.

저녁은 로마에 있는 한식당에서 간단하게 해결했다. 저녁 식사를 마치고 나서 화영과 진수는 회장 부부와 다시 만났다.

"김 대리, 부부는 무엇으로 산다고 생각하세요?"

회장이 진수를 향해 불쑥 말했다. 갑작스런 질문에 진수는 무슨 대답을 해야 좋을지 모르겠다는 듯 머리를 갸웃거렸다.

"서로 사랑하고 순결과 신뢰를 지키며 살아야 하는 것 아닐까요? 부부는 누가 뭐래도 남편과 아내로서의 본분을 가장 최우선으로 다해야 한다고 생각합니다."

이번에는 화영이 나섰다.

"서로 존중하고 배려하면서요."

회장이 화영과 진수를 번갈아 가며 바라보면서 말했다.

"네, 두 분 말씀이 다 맞습니다. 서로 사랑하고 순결을 지켜야 하는 것은 물론 존중하고 배려하면서 살아야 하죠. 그럼 그렇게 사는 부부는 얼마나 된다고 생각하세요?"

화영이 말했다.

"한 30% 정도는 되지 않을까요?"

"30%? 에이, 주변을 둘러보면 3%도 채 안 되는 것 같던데?"

회장 부인이 그렇게 건강하게 사는 부부는 많지 않은 것 같다며 말했다. 그러자 화영이 다시 말했다.

"2013년에 인구보건복지협회라는 곳에서 결혼한 성인 남녀 956명에게 '다시 태어나도 지금의 배우자와 결혼하겠는가?'라는 질문을 던졌는데요. 남자는 45%, 여자는 19.4%가 '그렇다'고 응답했다는군요. 그러니 그 중간쯤인 30% 정도는 되지 않을까요?"

회장 부인은 설문 조사니까 그럴 거라며 반론을 제기했다.

"실제로 보면 애들 때문에 사는 부부, 남편과 아내가 아니라 그냥 가족이니까 산다는 부부들도 많더라고. 결혼한 걸 후회하면서도 헤어지는 것보단 낫다고 생각하며 사는 거지."

이번에는 회장이 나섰다.

"전적으로 동감입니다. 중요한 건 이 세상 많은 부부들이 왜 그렇게 후회하며 사느냐는 것이지 않을까? 배우자를 존중해주지 않기 때문이야. 특히 배우자의 자존감을 존중해주지 않아서지. 지렁이도 밟으면 꿈틀하는 것처럼 하찮은 미물조차도 자존감을 갖고 산다는 거야. 멀쩡하게 잘 살다가 왜 황혼 이혼을 하겠어? 배우자의 자존감을 존중해주지 않은 게 가장 큰 이유야. 대표적인 게 폭력과 무시, 학대지. 두 분은 혹시 많은 부부들이 왜 배우자의 자존감을 존중하지 않는지 생각해본 적 있어요?"

진수와 화영은 잘 모르겠다는 듯이 입을 굳게 다문 채로 있었다. 회장 부인이 말했다.

"돈 때문이라 생각해요. 난 사람들이 '부부는 무엇으로 사는가'라고 물으면 질문을 다시 하라고 해. '부부는 무엇으로 살아내는가'로 말이야. 물론 부부로 몇십 년을 살아내려면 사랑, 존중, 배려, 신뢰 같은 게 있어야 되겠지. 그러나 그런 건 없어도 살 수 있지만 돈이 없으면 부부로 살아내기 어려워."

화영이 고개를 끄덕였다. 진수와의 결혼을 반대하면서 보다 경제적 능력이 있는 남자와 결혼하라던 엄마의 말이 떠올라서다. 진수가 돈 문제로 자신을 실망시키지 않았다면 이번 여행이 결혼 5주년 기념 여행이 됐을 거란 생각도 들었다. 반면 진수는 돈 이야기가 계속되자 자존심이 상한 듯 입을 굳게 다물고 있었다. 그런 진수를 의미심장한 눈으로 바라보던 회장이 말했다.

"이 사람 말에 동의하지만 모든 부부가 그런 건 아니라고 봐요. 나부터 그렇지 않으니까. 사람들이 내게 부부는 무엇으로 사느냐고 묻는다면 난 자랑스럽게 존중하며 산다고 말하거든."

화영과 진수는 아무런 대꾸를 할 수 없었다. 그러나 회장 부인은 자신의 남편을 향해 조금 답답하다는 듯한 표정으로 말했다.

"교과서적으론 그 말이 맞아요. 하지만 돈을 못 버는 남편은 어지간해서는 아내로부터 존중받기 힘들다는 거예요. 큰 돈은 못 벌더라도 최소한의 돈은 벌어야 존중받을 수 있다는 거지."

화영이 연신 고개를 끄덕였다. 진수가 오랜 침묵을 깨고 말했다.

"그럼, 아내가 존중받기 위해 지켜야 할 본분은 뭐죠? 남편 내조와 살림 잘하고 자식 잘 키우면 되는 건가요?"

회장이 진수의 말에 곧바로 화답했다.

"그럼! 더불어 시댁과 시부모를 존중하는 것도 필요하겠지."

진수는 '그 이전에 남편에 대한 순결을 지켜야 하는 것이 가장 중요한 본분 아닌가요?'라고 말하고 싶었으나 꾹 눌러 참았다. 회장이 진수를 바라보며 당부하듯이 말했다.

"내 좌우명을 말해줄까? '아내를 존중하며 살자.'는 거야. 난 아내를 위해 모든 걸 내려놓은 지 오래야. 결혼식 날의 마음가짐으로 말이야. 물론 아내도 남편을 존중하면서 살아야겠지."

화영과 진수는 뜨끔했지만 그러겠다고 답하고 일어섰다.

첫날보다는 약해졌지만 호텔 방에 돌아오자 여전히 한랭전선이 자리 잡고 있었다. 화영은 진수가 말을 걸면 못 이기는 척 대화할 마음이 있었지만 진수는 말없이 등을 돌린 채 잠을 청했다.

'거봐. 남자가 돈을 잘 벌어야 부부로 살아낼 수 있다잖아. 맞아, 그래야 아내한테 존중받을 수 있을 테니까.'

화영의 중얼거림을 듣기나 한 듯, 진수 역시 속으로 중얼거렸다.

'다른 남자랑 손잡고 등산까지 간 사람이 바람피우지 않았다고? 그 자체가 아내로서의 본분을 다하지 못한 거지. 무릎 꿇고 싹싹 빈다면 모를까 절대로 용서하지 않을 테다.'

회장 부부와의 대화는 벌써 잊은 듯 두 사람은 전혀 다른 생각을 하고 있었다.

진수는 영 잠이 오지 않았다. '아내를 존중하며 살자'는 회장의 말이 머리를 떠나지 않는 탓이었다. 진수는 회장이 건네 준 USB를 찾아 '존중' 폴더를 열었다.

02

가족 간 존중은
삶의 비타민

심리학자 매슬로우에 의하면 인간은 다음과 같은 5단계의 욕구를 갖고 있다.

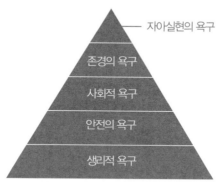

생리적 욕구란 먹고사는 의식주와 성욕 등의 가장 기본적인 욕구를 말한다. 안전의 욕구란 아프지 않고 다치지 않고 건강하게 사는

것은 물론, 각종 위험으로부터 안전하게 살고자 하는 욕구를 말한다. 사회적 욕구란 한 집단에 소속되고자 하는 소속감이나 동료와 친교를 나누고 싶어 하는 등 공동체 생활을 하며 살고자 하는 욕구를 말한다. 소속감과 애정의 욕구라고 말하기도 한다.

못 먹고 못 살던 시기에는 기본적인 욕구만 충족돼도 행복하다고 느꼈지만 현재는 그런 세상이 아니다. 생리적 욕구와 안전의 욕구는 당연한 것이 되고, 상위의 욕구인 존경의 욕구와 자아실현의 욕구를 충족하고자 한다.

존경의 욕구는 다른 사람들로부터 존경받고 싶어 하는 욕구를, 자아실현의 욕구는 자신이 진정으로 원하는 것을 성취하려는 욕구를 말한다. 존경의 욕구는 인간이 충족하고자 하는 두 번째로 높은 욕구다. 다른 말로 표현하면 존중, 인정, 대우받고 싶어 하는 욕구를 말한다. 존경, 존중 또는 인정을 받으면 사람들은 자긍심과 자부심을 느끼게 된다. 가정에서 역시 마찬가지다. 서로를 존중함으로써 서로 자긍심을 갖도록 해야 한다.

가족끼리 존중해야 하는 다른 이유도 있다. 본분을 다하지 못하거나 배려나 소통이 부족하다고 가족의 불화가 폭발하지는 않는다. 그러나 존중이 없는 부부나 가족 간에는 폭언과 다툼, 폭력, 무시와 포기로 연결될 확률이 높다.

그러므로 가족끼리 존중하는 마음이 배려나 소통보다 더 우선해야 한다. 그런데 현실은 어떨까? 안타깝게도 개념조차 정립돼 있지 않은 가정이 많은 게 현실이다.

'열심히 일해서 돈을 많이 벌어다줬으니 가정에서 내가 할 역할을 다했다.'는 김 부장과 같은 생각을 갖는 가장들이 아직도 많기 때문이다. 이 같은 생각을 가진 남자들은 대부분 남편은 가장으로서 존중받는 것이 당연하다고 생각한다. 하지만 아직도 아내가 자신을 '지아비는 하늘'이라는 식으로 대해주기를 바라고 있다.

아내들 역시 마찬가지다. 김 부장과 비슷하게 직장에서 살아남기 위해 고군분투하고 있을 남편들의 노력과 입장을 존중해줘야 한다. 특히 남편이 돈을 잘 못 번다고 태도가 달라져선 안 된다.

남편에게 비타민제나 넥타이를 사주려 해도 돈이 들어간다. 그러나 남편을 존중해주는 것은 돈이 들어가는 것도 자존심이 상하는 것도 아니다. 퍼준다고 해서 재고가 금방 바닥나는 것도 아니다. 부디 오늘부터 열심히 일하는 남편에게 존중이라는 삶의 비타민을 무한대로 퍼주기 바란다.

아내들 중에는 더러 이중적 잣대를 적용하는 이들이 있다. 남편도 아내와 똑같이 육아나 가사를 분담해야 한다고 말하면서 정작 자신은 남편을 존중하지 않는 것이다. 특히 남편이 돈을 못 벌 경우 당신을 존중하지 않는다는 언행을 수시로 내뱉는다. 아이들이 보는 앞에서 "능력이 그것밖에 안 되느냐.", "돈도 못 벌어오면서.", "도대체 잘하는 게 뭐냐"와 같은 막말을 하기도 한다. 남편더러 육아와 가사를 똑같이 분담해야 한다고 주장했으면 자신도 돈 버는 본분을 공평하게 분담해야 한다. 그런데 이 부분만큼은 전적으로 남편 몫이라 생각하는 이기적인 여성들이 꽤 많은 편이다.

시댁 식구들 역시 존중해야 한다. 시댁의 '시' 자만 나와도 불편해하면서 애써 외면하지 말아야 한다. 특히 남편이 돈을 잘 벌지 못한다고 태도가 달라져선 안 된다.

자녀들에 대한 태도 역시 마찬가지다. 사랑은 하지만 자녀를 인격체로 존중하지 않는 엄마들도 많다. 심한 경우, 자녀를 자신의 아바타처럼 마음대로 좌지우지할 수 있다고 생각한다. 자녀들에게도 사랑 못지않게 존중이라는 삶의 비타민을 무한대로 퍼주기 바란다. 그런 비타민을 먹고 자란 자녀들 역시 잘될 수밖에 없지 않을까?

"절대 아버지 같은 아버지가 되지 않겠다."고 다짐하지만 자신의 아버지를 꼭 닮은 아들들 또한 제법 많다. 그들이 목격한 아버지들은 '가족 위에 군림하는 지배자, 자녀의 일거수일투족을 통제하는 통제자, 공부 열심히 하라는 잔소리꾼이면서 자신은 정작 주말에 집에서 잠만 자는 지친 노동자'였다.

이제는 달라져야 한다. 지배자, 통제자가 되어서는 안 된다. 자녀들의 동반자, 인생의 멘토가 돼야 한다. 그러나 현실은 그렇지 못한

편이다. 아직도 자녀의 무조건적인 복종을 요구하는 아빠들이 많다. 자녀는 부모의 소유물이 아니다. 존중받아야 할 가족의 한 구성원이다.

존경과 존중, 인정해야 할 첫 번째 대상은 바로 당신의 배우자와 자녀들이다. 이것 역시 우선순위는 '012'인 셈이다.

03
남포, 마포 부부 이야기

　자신의 배우자와 아예 대화를 하지 않고 사는 남포, 마포 부부들도 있다. 대화는 하지만 꼭 필요한 대화만 하는 경우도 있고, 말조차 섞기 싫다며 문자 메시지나 빈 종이에 글을 써서 대화를 하는 부부도 있으며, 아예 자녀를 통해서만 대화하는 부부들도 있다.

　왜 이렇게 부부이기를 포기하면서 사는 무늬만 부부, 유령 부부, 쇼윈도 부부들이 많은 걸까? 부부마다 각자의 이유가 있다. 공통적인 이유는 배우자를 존중하지 않는 마음에서 비롯된 불평 불만과 비난, 갈등이 쌓이고 쌓여 발생하는 현상이다.

　왜 그렇게 남편 또는 아내를 포기하게 된 것일까? 배우자의 외도, 성격 차이, 경제적 능력에 대한 실망감이 원천이다. 가장으로서 돈만 잘 벌어다주면 된다는 생각, 가정보다는 직장과 일을 최우선하는 남편의 태도와 '맞벌이인데도 가사와 육아는 왜 내가 다해야 하지?' 같은 아내의 생각 등도 역시 포기의 원천이다. 사실 이런 문제들은 배우자의 외도나 가장으로서의 경제적 무능력만 아니라면 간단히 해결될 문제들이다. 상대의 입장과 태도를 인정하고 존중해주면 되기 때문이다. 그럼에도 불구하고 남포 마포 부부로 사는 커플들이 제법 많은 편이다. 대기업 L사에 다니고 있는 박명수 부장 부부가 대표적인 사례다.

박 부장은 회사에서 잘나가는 사람이다. 유능한 인재라고 인정받아 승진 때마다 한 번도 누락되지 않고 여기까지 왔다. 임원 승진은 따논 당상이라는 말을 듣기도 한다. 임원 승진을 목표로 아침 8시부터 저녁 8시까지 평균 12시간을 일하고 있다. 하지만 큰 불만은 없다. 동료나 다른 직원들도 비슷하게 일하기 때문이다.

그러나 집에서는 정반대다. 능력 있고 다정다감한 남편도 멋진 아빠도 아니다. 그저 돈 잘 버는 기계일 뿐이다. 박 부장은 일주일 내내 밖에서 저녁을 먹고 들어간다. 집에 일찍 들어가 봐야 싸늘한 아내의 얼굴을 봐야 하기 때문이다. 공허한 마음을 가눌 길이 없다. 현관 문을 열고 들어가면 중학생인 아들은 제 방문 열고 나와서 "아빠, 오셨어요.."란 인사만 하고 다시 방문을 닫는다. 제 엄마와 TV를 보던 초등생 딸아이 역시 마찬가지다. "아빠, 오셨어요?"란 인사만

하고 다시 TV로 시선을 돌린다. 아내는 일부러 시선도 주지 않는다. 거실을 이방인처럼 숨죽여 지나가야 한다.

아내와 각방을 쓴 지 벌써 5년이 지났다. 각방을 쓰기 1년 전부터 부부 생활이 없었고 각방을 쓰면서부터는 대화도 끊겼다. 대화가 필요할 때는 핸드폰을 통해서만 한다. 박 부장이 외도를 해서 그런 건 결코 아니다. 가족이나 친구, 회사 동기들 모임과 같은 공식적인 자리에서는 제법 사이 좋은 부부 행세도 한다.

아내는 전업주부다. 처녀 때는 정말 애교 넘치는 여자였다. 그러나 결혼 후 180도 달라졌다. 임신, 출산을 겪으며 나날이 짜증이 늘어 갔다. 힘들게 회사에서 일하고 왔는데도 집에 늦게 들어왔다며 잔소리를 해댔다. 아내가 맞벌이라면 어느 정도 이해가 됐다. 그러나 전업주부이면서 아이들 육아와 가사를 도울 생각도 안한다며 매일매일 바가지를 긁는 모습에 정나미가 뚝뚝 떨어져 버렸다.

박 부장 부부는 왜 이혼하지도 않고 남포, 마포 부부로 사는 걸까? 다음과 같은 생각을 하기 때문이다.

"그래도 애들 엄마와 주부로서의 본분은 다하니까, 이혼해도 어차피 가사도우미는 있어야 하니까."

"그래도 생활비는 꼬박꼬박 가져오고 애들 아빠로서의 본분은 하니까."

"아이들 정서 문제, 부모님, 직장 생활 생각하면 이렇게 사는 게 이혼한 것보단 낫지."

어짜피 나만 참으면 되므로 포기하면서 살겠다는 것이다.

그렇다면 박 부장 부부와 같은 경우는 어떻게 해야 할까? 서로 배우자의 입장을 인정하고 존중해줘야 한다. 그렇지 않으면 이혼으로 치닫거나 둘 중 한 사람이 극단적인 선택을 할 수 있다.

부부간에 포기하면서 사는 경우 외에도 가족끼리 서로 포기하면서 사는 사람들도 있다. 부자의 연을 끊고 사는 사람들, 형제의 정을 끊고 사는 사람들 말이다. 이들 역시 상대를 존중하기보다 자기 중심적인 생각만을 하며 살기 때문에 이러한 일이 벌어진 것이다. 어떤 상황에서도 한발 물러서서 상대를 인정하고 존중한다면 문제를 해결할 수 있다.

04
존중이 없는 가정에
꼭 있는 4가지

살아가기 위한 필수품 외에 정서적으로 꼭 필요한 것이 있다. 바로 가족 간의 존중이다. 서로 존중하지 않는 가정에서는 가족 개개인의 삶의 질이 떨어져 결코 행복을 이루기 어렵다. 안타까운 현실은 존중이 없는 많은 가정에는 반드시 행복을 가로막는 불필요한 것들이 똬리를 틀고 있다는 것이다. 갈등과 폭력, 따돌림과 학대 같은 것들 말이다.

갈등

가족 간 존중이 없는 가정에서 가장 많이 나타나는 현상이 갈등이다. 사람은 살아가면서 이런저런 일로 스트레스를 받고 갈등을 느낀다. 이러한 스트레스와 갈등을 가정에서 치유받길 원한다. 하지만 오히려 가정에서 갈등을 겪는 사람들이 많다. 그중에서도 부부간 갈등이 가장 높은 비율을 차지한다.

국내의 한 조사기관에서 발표한 결혼 만족도 결과를 보자. 결혼 생활 25년 이상인 부부들 중 47%가 결혼 생활에 만족하지 못한다고 한다. 30% 정도는 한때 이혼을 심각하게 고려했으며, 현재도 일부는 고민하는 것으로 나타났다. 77% 정도의 부부가 결혼 생활에 불만을 갖고 갈등하고 있는 것으로 나타난 것이다.

이 같은 결과가 나온 주요 원인은 무얼까? 배우자의 외도나 경제적 문제가 있지만 근본 원인은 상대방을 인정하고 존중하지 않는 마음과 태도다.

전자제품 부품공장에 다니다 최근 퇴직한 50대 후반의 김막동 씨는 직장 생활하느라 아내와 함께 보내는 시간보다 떨어져 있는 시간이 많았다. 그러다 보니 관계가 소원해졌고, 서로 불만을 말하며 사사건건 다투는 일이 많아졌다. 결국 더 이상 결혼 생활을 유지하는 것이 무의미한 것 같아 30년 넘게 유지해온 결혼 생활을 합의하에 정리하고, 2년 전부터 혼자 고향에 내려와 농사를 짓고 있다.

김 씨가 이혼 결심을 굳히게 된 결정적인 계기는 자식들이 아내와 한편이 되어 자신을 그림자 취급한 것이었다. 물론 김 씨가 부부 싸움 중에 홧김에 심한 표현을 하기는 했지만 가족을 위해 나름 열심히 살아왔는데 처자식에게 그런 대우를 받았다는 데 마음의 상처를 입었다. 자녀들이 미혼이라 마음에 걸렸지만, 몸과 마음이 지쳐 있는 상태에서 김 씨는 남은 인생을 간섭 없이 혼자 사는 것이 좋겠다고 생각했다.

하지만 막상 이혼하고 나니 김 씨는 후회와 자괴감에 하루하루 힘든 날을 보내고 있다. 지난날을 되돌아보니, 고등학교 졸업하고 가진 것 없이 시작한 사회생활이라 경제적으로나 정신적으로 여유가 없었다. 성격이 급하고 직선적이라 툭하면 극단적인 말로 아내에게 상처를 준 것이 가장 후회가 됐다. 하지만 이미 엎질러진 물이었다.

가족을 위해 열심히 일했는데 존중받지 못한 가장이 가족을 떠나버린 가슴 아픈 가정사다. 이렇듯 부부간 갈등은 쓸데없이 에너지를 소모시키고 결국에는 한 가정의 행복을 파괴한다. 배우자, 자녀와의 갈등을 없애주는 특효약은 바로 상대를 존중해주는 것임을 잊지 않기 바란다.

폭력

여성가족부의 전국 가정폭력 실태조사에 따르면 가정폭력 발생률은 2004년 44.6%, 2007년 40.3%, 2010년 53.8%, 2013년 45.5%에 달하고 있다. 최근 10여 년 동안 평균 두 가정 중에 한 가정에서 폭력이 발생한다는 것을 알 수 있다. 매우 심각한 상태이다. 가정폭력 발생율이 가장 높았던 2010년의 통계를 좀 더 구체적으로 분석해보자.

가정폭력 중에 신체적 폭력은 3.3%이고, 언어폭력과 같은 정서적 폭력이 42.8%, 한집에서 살면서 대화 없이 서로 무관심한 경우가 30.5%이다. (여성가족부 통계는 실제 신고가 접수된 경찰청, 주요 도시의 여성의 전화 등의 가정폭력 통계와는 차이가 있다. 실제 2013년 전국 여성 긴급전화 1366 통계로 접수된 가정폭력 상담 건수는 12만 건 정도다.)

부부간의 신체적인 폭력은 자녀들에게까지 영향을 준다. 가정폭력을 접한 자녀들 역시 성인이 되어 폭력을 행사할 가능성이 높다. 가정폭력은 불행이 대물림될 수 있는 아주 심각한 범죄 행위인 것이다.

언어폭력 역시 가정 행복을 해치는 주범이다. 통계를 보면 언어폭력이 신체적 폭력보다 무려 13배가량 더 많이 발생한다. 언어폭력은 신체적 폭력보다 더 나쁜 영향을 미칠 수 있다. 언어폭력에 의한 상처는 영원히 지워지지 않기 때문이다. "입술의 30초가 가슴의 30년"이라는 말처럼 무심코 내뱉은 말 한마디가 상대방의 가슴에 대못이 되어 박혀 버릴 수 있다. 또한 언어폭력은 신체적 폭력을 부르기도 한다. 더 큰 화를 불러일으키기 때문이다.

언어폭력은 부부간에만 발생하는 것이 아니다. 부모가 자녀에게 무심코 던진 한마디가 한순간에 가정을 파괴하기도 하고 반대의 경우도 발생한다. 본인은 언어폭력이 되리라고 생각하지 않은 말도 상대가 받아들이기에는 자존감을 짓밟히는 언어폭력이 될 수도 있다. 자녀들은 부모의 말과 행동을 보고 자라기에 자녀에게 무심코 내뱉게 되는 말에 신경을 써야 한다. 자녀들 역시 마찬가지다. 화난다고 친구들과 싸울 때나 쓰는 말을 부모에게 던져서는 절대로 안 된다.

한 가지 더 신경 써야 할 것이 있다. 만약 당신이 무심코 던진 그 한마디가 언어폭력이 되었다면 상대가 누가 됐든 반드시 사과해야 한다.

학대

학대란 사람이나 동물을 정신적으로나 육체적으로 괴롭히고 가혹하게 대하는 것을 말한다. 과거의 가정 내 학대는 시어머니들에 의한 며느리 학대가 주를 이뤘다. 그러나 최근 들어서는 자녀 학대와 부모 학대 등 주로 존·비속 관련 학대가 비중을 차지하고 있다.

자녀 학대는 친부모에 의한 학대가 76.2%로 대부분을 차지한다. 보건복지부 자료에 따르면 2013년에 공식 보고된 아동 학대는 6,796건으로 2012년보다 393건이 늘었다. 학대 가해자는 친부(41.1%)가 친모(35.1%)보다 많고, 계모(2.1%)가 계부(1.6%)보다 약간 앞섰다.

자녀 학대가 발생하는 주원인은 자녀에 대한 높은 기대와 부모의 소유물 정도로 여기는 생각 또는 자신의 꿈을 대신 이뤄줄 아바타 정도로 생각하는 데 있다. 자녀 학대는 특성상 장기간 지속되는 것이 문제다. 그러나 더 큰 문제는 일부 부모들의 경우, 자신이 자녀를 학대하고 있다는 사실을 전혀 인지하지 못하는 것이다.

부모 학대의 주 가해자는 자녀, 며느리나 사위이다. 자녀가 가해자인 가정 내 부모 학대 문제는 심각한 사회문제가 된 지 제법 오래지만 대부분 쉬쉬하는 분위기다. 노인이 성인 자녀에게 폭행을 당해도 진술 자체를 하지 않거나 처벌을 원치 않는 경우가 많기 때문이다.

법적, 제도적 장치로 이러한 사회문제를 해결하기에는 한계가 있다. 배우자와 부모, 자식에 대한 존중의 중요성을 알리는 사회적 운동을 지속하고 교육을 확대하는 방법이 답이 될 것이다.

따돌림

전국의 각 법원에 접수된 50대 이상 남편들의 이혼 소장에는 '가정 내 따돌림'에 대한 호소가 많다. 이 같은 현상은 직장에서 조기 퇴직하고 경제적 위기에 처한 남성들에 주로 많은 편이다.

이런 상황에 처한 가장들은 대부분 분노와 배신감을 느낀다. 가정 내에서 자신의 입지가 위축되는 것을 넘어 따돌림을 당하는 처지에 비관해 가족에게 버림받기 전에 먼저 떠나겠다고 결심하는 사람이 늘어나고 있다. 남은 인생은 자신만의 새로운 삶을 살겠다는 것이다.

가정 내 따돌림 문제는 경제적으로 무능력한 가장만의 일이 아니다. 가정보다는 직장과 일을 최우선했던 가장들 역시 많이 겪는 문제다. 그들의 마음속은 불쑥불쑥 올라오는 분노, 배신감, 무력감, 외로움, 좌절감으로 가득 차게 된다.

"지들을 위해 죽어라 일했는데, 누구 덕분에 오늘이 있는 건데 나이 들어 돈 못 번다고…"

이러한 따돌림이 지속되면 대부분 남포 마포 부부가 되고 심하면 이혼까지 가는 경우도 많다. 비난하는 아내와 엄마를 지지하는 자녀들의 목소리를 정서적으로 견디지 못한 결과다.

따돌림 현상 역시 가족 간 인정과 존중이 사라졌기 때문에 발생한다. 아내들은 남편의 현재만이 아니라 가족 부양을 위해 열심히 노력한 과거도 인정해야 한다. 가장으로서 역할을 하기 위해 남편과 아빠로서의 본분은 다하지 못했어도 그 입장을 존중해줘야 한다. 남편 역시 마찬가지다. 아내의 희생을 인정하고 감사를 전해야 한다. 아내의 역할뿐 아니라 엄마, 주부, 며느리로서의 역할을 한 점 역시 인정하고 존중해줘야 한다.

부부간, 가족 간에 서로 존중하는 마음과 태도가 행복한 가정으로 가는 디딤돌이 된다는 사실을 명심하기 바란다.

05
성격 차이를 극복하는 최상의 방법

미국의 한 영화에 재미있는 장면이 나온다. 치약을 중간부터 쓰는 남편의 버릇을 고치려다가 결국 이혼한 여자의 이야기다. 여자는 자신의 전남편과 재혼한 이에게 어떻게 참고 사느냐고 묻는다. 그녀는 다음과 같이 말한다.

"그냥 치약을 두 개 놓고 따로 씁니다."

남편의 성격이나 습관을 고치려 하지 않고 존중하며 사는 삶의 중요성을 잘 나타내주는 사례다. 실제로는 어떨까? 영화 속 이혼한 여자처럼 많은 부부들이 성격 차이로 도저히 함께 살기가 어렵다고 말한다.

어느 부부라도 성격이 똑같아서 잘 사는 것이 아니다. 잘못된 습관이니 고치라고 하면 바로바로 고쳐서 잘 살고 있는 것은 더욱 아니다. 잘 사는 부부, 행복한 가정은 가족들의 성향을 이해하고 상대의 말과 행동을 인정하고 존중하면서 살아간다.

이혼 관련 통계도 가장 큰 원인은 성격 차이다. 그러나 분석해보면 성격 차이 때문이 아니라 이로 인한 갈등이 심화돼 이혼하게 됐다는 게 더 크다고 나온다.

미국 워싱턴 대학의 가트만 박사 팀이 지난 30여 년간 부부 3,000여 쌍의 실제 생활을 추적 관찰한 '부부 애정에 관한 연구'가 이를 증명해준다. 가트만 박사가 찾아낸 부부가 이혼하는 중요한 원인은 "성격 차이로 인해 이혼하는 것이 아니라 다름을 인정하고 존중해주지 않은 것이 더 크다."는 것이다.

아무리 잔소리해도 성격은 쉽게 바뀌지 않는다. 이를 잘 아는 어떤 주부는 남편과 다투지 않는 노하우로, 남편의 행동 패턴별 습관을 외워 기분 나쁘지 않게 대응한다. 포기하고 사는 것과는 다르다. 남편과 자신의 차이를 인정하고 존중하며 사는 지혜이기 때문이다.

많은 학자들 역시 인간의 실제 성격은 변하지 않는다고 보고하고 있다. 그러나 행동은 변할 수 있다. 타고난 성격이 환경의 영향을 받아서 행동으로 나타나는 것이기 때문이다. 특히 인간의 행동은 바람직한 모습으로 변하려는 속성이 있다. 적어도 6개월 이상 의식하고 노력하면 조금씩 변하게 할 수 있다. 무리하게 상대방의 성격을 바꾸려 노력하지 마라. 대신 당신이 바라는 행동을 할 수 있도록 유도 하라. 그것이 더 현명하다.

나쁜 유형의 성격이나 행동은 정말 존재하는 것일까? 예를 들어, A라는 사람의 성격을 놓고 "꼼꼼하고 빈틈이 없으며, 책임감도 강하고 믿을 수 있는 사람"이라고 할 때 이는 분명 업무적으로나 그에 맞는 상황에서는 장점으로 평가할 수 있다. 그러나 다른 관점에서 보면 "융통성 없고 고지식한 사람"일 수도 있다. 이처럼 A라는 사람의 성격은 상황에 따라 장점 또는 단점으로 평가될 수 있다.

사람의 행동은 좋다 나쁘다로 평가할 수 없다. 각 성격의 장점과 단점이 있을 뿐이다. 한 가정이 행복한 삶을 살아가려면 서로의 차이를 인정하고 존중하며 있는 그대로 받아들이는 것이 중요하다. 차이는 틀린 것이 아니라 다른 것이기 때문이다.

어느 부부든 성격이 맞아서 잘 사는 것이 아니다. 잘 사는 부부, 행복한 가정은 각자 성향을 이해하고 상대의 말과 행동을 인정하고 존중하면서 살아간다. 중요한 것은 우선 자기 자신부터 상대방이 좋아할 수 있는 행동 유형으로 변하기 위해 노력해야 한다는 것이다.

"좋은 남편을 원한다면 자신이 좋은 아내가 돼야 하고 좋은 자녀를 원한다면 먼저 좋은 아빠가 돼야 한다."는 말처럼.

가족 간에 서로를 인정하고 존중하는 데 '같이 있되 따로 지내기'가 좋은 방법이 될 수 있다. 행복한 부부들은 휴식의 대부분을 함께 보내지만 모든 것을 같이 하지는 않는다. 예를 들어 같은 소파에 앉아 쉬면서도 아내는 TV를 보고 남편은 신문을 본다. 또는 아내는 스마트폰으로 게임을 하고, 남편은 스포츠 중계를 보는 식이다.

부부가 서로 공감하려면 모든 일을 공유해야 한다는 것도 일리 있는 말이다. 하지만 실생활에서 부부가 마음이 맞아서 모든 걸 같이 하기란 쉬운 일이 아니다. 그러므로 보다 현실적으로 행복을 얻는 방법을 찾는 것이 필요하다. 그중 하나가 가정 내에서 서로의 휴식을 즐기는 방법의 차이를 인정하고 존중하는 것이다. 이는 보통의 가정에서 휴가를 갔을 때 자녀와 부모가 시간을 보내는 것과 같은 방식이다. 아이들은 부모와 같이 휴가를 갔을 때조차도 스마트폰으로 게임을 한다든지 인터넷 검색을 하며 시간을 보낸다. 휴가 내내 아이들이 부모와 같이 행동해야 즐거운 여행이 될 거라고 생각하는 사람은 누구도 없을 것이다. 같이 있다고 해서 같은 것을 하면서 시간을 보내야 즐겁고 행복한 것은 결코 아닌 것이다.

부부 역시 마찬가지다. 서로가 즐기는 것이 다를 경우, 거실이나 침실에서 서로 다른 것을 해도 좋다. 같이 있으면서 같이 쉬는 것도 부부가 행복해질 수 있는 방법이다. 그러기 위해서는 부부간 서로 다른 성격이나 취향을 인정하고 존중하는 것이 절대 필요하다.

06
말 버리는 통

"남편과 대화가 안 된다.", "아빠와는 말이 안 통한다."는 가정이 제법 많다. 매일 얼굴을 보면서 사는 가족끼리 왜 말이 안 통한다는 것일까? 순간적인 감정에 목소리를 높이거나 욕설을 하기 때문이다. 진심과는 달리 상처를 주는 말을 하거나 문제 해결은 못하고 말싸움만 하다 끝나는 것이다. 심한 경우는 폭력으로 이어지기도 한다.

해결책은 무얼까? 전문가들은 가족 간 공감, 대화하기, 경청을 말한다. 색다른 아이디어로 서로를 존중하는 대화를 실천하기 위해 노력하는 가족도 있다. 평범한 직장인 장태수 씨의 가정이 그렇다. 장씨는 가족 간에 존중받지 못하거나 듣기 거북한 말을 들었을 때 그내용을 메모지에 적어 버릴 수 있게 '말 버리는 통'을 만들었다.

만약 장 씨가 아내를 존중하지 않거나 자존감을 건드리는 말을 한 경우, 아내는 물론 옆에서 듣고 있던 자녀도 그 말을 적어서 '말 버리는 통'에 버릴 수 있다. 당장 그 자리에서 말대꾸를 하거나 대들거나 참견하는 대신 메모지에 적어 '말 버리는 통'에 넣는 것이다. 이렇게 '버려진 말'들은 주말에 온 가족이 모여 읽어보며 반성의 시간을 갖는다.

"네가 게임을 너무 많이 해 홧김에 목소리를 높였는데 기분이 나빴구나. 미안하다."

"아빠, 죄송해요. 다음부터는 주말에 딱 1시간씩만 할게요."

가장 많이 언급된 사람은 가벼운 벌칙을 받는다. 일주일 동안 설거지하기, 음식물 쓰레기 버리기, 재활용품 버리기 등이다. 이렇게 일

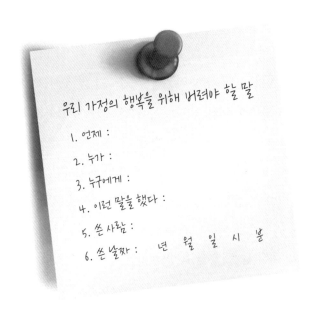

주일 단위로 '버려진 말'들을 서로 나누고, 벌칙자를 정하고, '말 버리는 통'을 비우고 다시 시작하는 식이다.

장 씨가 정리한 '말 버리는 통'에 버려야 할 말의 유형 5가지와 이에 해당하는 33개의 말을 살펴보자.

우리 가족 행복을 위해 버려야 할 말, 5가지 유형

1. 부부 싸움 시 아빠, 엄마 모두 절대 해서는 안 될 말 9

2. 아빠가 엄마에게 절대 해서는 안 될 말 6

3. 엄마가 아빠에게 절대 해서는 안 될 말 7

4. 아빠, 엄마가 우리에게 절대 해서는 안 될 말 6

5. 우리가 아빠, 엄마에게 절대 해서는 안 될 말 5

부부 싸움 시 아빠, 엄마 모두 절대 해서는 안 될 말 9가지

1. "당신은 더해, 그러지 마"

대개 부부 싸움 형태는 공격과 방어를 주고받는 식으로 나타난다.

"내 허물은 보이고 당신의 허물은 안 보여?"

"당신은 날 비난할 자격 없어. 당신은 그러면 안 되지."

또 다른 예는 배우자의 문제나 과거를 들추어 반격하는 방식이다.

"며칠 늦게 왔다고 나한테 그런 말할 자격 있어? 당신은 매일 밤 12시 넘어야 들어오잖아."

부부 싸움 시 과거를 들추거나 다른 문제로 확대시키지 마라. 현재 부부 싸움을 하게 된 문제에만 국한시켜서 싸워라. 이 방법이 부부 싸움을 쉽게 끝낼 수 있는 지름길이자 확전을 막는 방패막이다.

2. "좀 더 이성적으로 판단할 수 없어?"

문제 해결 및 접근 방법은 성향에 따라 다르다. 이성적이고 분석적으로 접근하는 신중형도 있지만, 직관에 비중을 두는 주도형도 있다. 이처럼 갈등 시 보여주는 말과 행동은 성향에 따라 다르다.

내 접근 방법이 꼭 옳은 것은 아니다. 신중형인 남편이 주도형인 아내에게 "여자가 왜 이렇게 즉흥적이야? 좀 더 이성적으로 생각할 수 없어?"라는 식으로 말하는 것은 바람직하지 않다. 언제나 자신만이 옳고 상대에게도 자신과 똑같은 방식으로 생각하고 문제를 해결하자고 요구하는 사람으로 비치기 때문이다.

사람의 성향의 차이는 틀린 것이 아니고 다른 것임을 다시 한번 명심하라. 배우자와 나의 성향이 다름을 인정한다면 감정 싸움으로 확대되는 것을 차단할 수 있다.

3. "당신, 그 정도밖에 안 돼?"

배우자의 자존감을 건드리면 감정적으로 화가 날 수밖에 없다. 자존감을 건드리는 대표적인 말은 마치 어린애 취급을 하거나, 비하하고 무시하는 말이다.

"어쩜 그렇게 아버님이랑 똑같냐."

"성현이가 누굴 닮아서 공부 못하는지 알아? 처갓집 닮았잖아."

이런 말들은 상대방에게 마음에 큰 상처를 주고 싸움이 더 커지는 단초를 제공할 수 있다.

4. "당신은 조금도 변한 게 없어"

배우자에게 잘못된 습관과 고쳐야 할 점을 지적당했을 때 이를 고마워하는 사람도 있지만 대부분은 잔소리로 여겨 기분 나빠 하고 말다툼으로 이어지기도 한다. 전문가들의 연구 결과를 보면 잘못을 지적하고 강제하더라도 행동이 변화하지는 않는다. 오히려 칭찬과 격려 같은 심리적인 설득이 더 효과가 있다.

아무리 비슷한 행동이나 말이 반복된다 해도 배우자를 비난하지 마라. 자칫하면 다툼으로 이어질 수 있다. 때로는 여유를 갖고 지켜보는 것도 한 가지 방법이다.

5. "우리 그럼 이혼해"

부부 싸움 중에 이혼을 언급하는 것은 홧김이거나 감정이 최고조에 달했을 때다. 상대방의 기세를 꺾기 위한 일종의 협박용인 경우가 대부분이다. 그러나 한 번 뱉은 말은 주워담을 수 없다. 상대도 기가 죽지 않기 위해서 물러서지 않고 이혼하자고 더 강경하게 나올 확률이 높다. 이런 상태가 되면 감정 싸움이 극에 달해 물러설 수 없는 지경에 이르게 되는 경우가 많다. 홧김에 한 말이지만 그 말의 파급효과는 상상을 초월한다.

부부 싸움은 어느 한쪽이 이기고 져야 하는 전쟁이 아니다. 부부싸움 역시 행복한 부부 생활을 위한 소통의 방법임을 명심해야 한다. 그러므로 서로의 절제된 감정 표현이 필요하다. 이혼 결심이 확고하게 서지 않는 한 절대로 '이혼하자'는 말을 해서는 안 된다.

6. "나도 말 좀 하자! 아직도 말귀를 못 알아들어?"

부부 싸움이 확대되는 이유는 두 사람 모두 자신은 문제가 없고 상대에게 문제가 있다고 책임을 떠넘기기 때문이다. 싸움의 원인을 제공한 사람이 누구인지 찾는 것은 중요하지 않다. 상대에게만 책임을 묻는 태도 역시 부부 문제 해결에 아무런 도움이 되지 않는다.

다툼이 있을 때 배우자가 왜 불만을 갖는지 말하면 이를 정확히 이해할 때까지 경청해야 한다. 듣기만 하는 게 아니라 공감적 경청을 하면 더 효과적이다. 충분하게 듣고 난 다음에 자신이 파악한 내용을 직접 말하는 것이 필요하다. 제삼자의 입장에서 듣는 노력을 하는 것도 필요하다. 객관적으로 판단할 수 있기 때문이다.

이성적으로 판단하는 것도 중요하다. 감정이나 자존심 등이 끼어

들면 서로에게 더 깊은 상처를 줄 수 있다. 문제가 생겼을 때 그 문제에서 자신이 어떤 역할을 했는지 분명히 한 뒤 그 사안에 대해 이성적으로 대처하는 것이 훨씬 생산적이다.

배우자의 말이 다 끝나지도 않았는데 흥분해서 내가 먼저 단정적으로 결론을 내리는 것도 피해야 한다. 부부가 싸울 때는 목소리 크고 말 많이 하는 사람이 무조건 이기는 게 아니다. 오히려 말을 적게 하는 것이 유리하다. 말을 많이 하는 사람은 많은 정보를 노출시켜야 하고 자신이 내뱉은 말들끼리 앞뒤가 맞지 않는 경우도 있다.

배우자의 말을 다 듣고 나서 차분하고 논리적이고 객관적으로 배우자를 설득하는 게 좋다. 잘 들어주고 적극적 공감 소통이 이루어지면 부부 문제의 대부분은 해결될 수 있다.

7. "말 같은 소리를 해, 생각 좀 하고 말할 수 없어?"

대개 여자는 감정이 무시될 때, 남자는 자신이 비난받을 때 논쟁이 심화된다. 이때 한쪽이 공격적인 태도로 나오면 상대방은 점점 더 방어적인 태도를 취하거나 아예 더 공격적으로 나온다.

이처럼 부부싸움의 형태도 각각의 성향에 따라 다르다. 부부 중 어느 한쪽이 싸움을 피하고 뒤로 빠져 버리면 주도형이나 사교형인 사람은 문제를 떠나 일종의 분노나 배신감을 느낀다. 그들은 문제를 회피하는 대신 해결하기 위해 적극적으로 나서는 성향이기 때문이다.

사교형 아내와 신중형 남편 간 싸움의 예를 보자. 남편은 문제 핵심을 객관적으로 분석하기에 싸움의 일정 시간이 지나면 혼자만의 시간이 필요하다. 자연스레 말수가 줄고 소극적 태도를 보인다.

반면 사교형 아내는 충동적이며 끝까지 말로 해결하여 결론을 내려 한다. 이때 사교형 아내는 남편이 자리를 피하려고 하면 더 화가 난다. 자신을 존중하지 않고 무시하는 것으로 생각하기 때문이다.

물론 부부 싸움 시 배우자의 말을 잘 듣는 것이 쉬운 일은 아니다. 그렇다고 배우자를 무시하는 듯한 말을 하고 자리를 피해 버리는 것도 바람직하지 않다. 신중형인 사람은 이런 방법은 지양하는 것이 좋다. 주도형이나 사교형 배우자는 아마 미쳐 버릴지도 모르기 때문이다. 부부 싸움 시에도 최소한의 존중의 자세가 필요한 것이다.

8. "제발 그만 좀 해! 당신이 그런 사람이야!"

사람을 대할 때 선입견을 드러내면 상대에게 불편한 감정을 불러일으킨다. 배우자도 마찬가지다. 대부분의 사람들은 타인을 대할 때 자신의 과거 경험이나 지식으로 그 사람을 분석하고 판단한다.

많은 사람들은 타인에게 자신의 성향에 따른 접근 방법을 원한다. 상대방이 비슷한 접근 방법으로 문제 해결을 해나갈 때는 편안함도 느낀다. 그러다 문제가 발생한다. 끝까지 실체적 진실을 파악하기보다 상대방에 대한 선입견으로 미리 결론을 짓기 때문이다. 자신의 기준에 맞추어 판단하는 것이다. 의사소통을 연구하는 학자들은 이런 성향을 '선입견 굳히기'라고 표현한다.

상대방의 변화한 모습, 노력하는 모습, 새로운 현상이나 정보를 받아들여라. 상대가 하려는 말을 다 하기도 전에 "당신이 그런 사람인 줄 알았어.", "지겨워, 제발 그만 좀 해."라고 단정지어 버린다면 얼마나 맥이 빠지는 일인가?

9. "내가 누구 때문에 이렇게 됐는데!"

부부가 싸우면서 가장 자주 하는 말 중 하나이다. 남편보다는 주로 아내가 자주 하는 편이다. 가족 뒷바라지에만 전념한 전업주부들이 이 같은 말을 한다면 어느 정도 이해가 될 수 있다. 지금의 남편 말고 다른 사람과 결혼했다면 훨씬 나았을 수도 있기 때문이다.

그러나 결혼 후 자신의 꿈을 실현하기 위해서 일을 하고 있는 아내들 중에도 그와 같은 말을 하는 이들이 제법 있다. 이는 드러누워 하늘에 침을 뱉는 것과 같다. 자신이 불만족스러워하는 현 상황이 100% 자신 탓이지 결코 남편 탓만은 아니기 때문이다.

부부 싸움을 할 때든 그냥 푸념할 때든 아내가 이런 식으로 말하면 남편은 기가 찰 수밖에 없다. 육아와 가사를 아내와 절반씩 나누기 위해 노력한 남편들은 더 허탈할 수밖에 없다. '남녀 평등을 주장하면서 이런 때는 왜 항상 내 탓이야?'라는 생각이 들기 때문이다.

아빠가 엄마에게 절대로 해서는 안 될 말 6가지

1. 대체 집구석에서 뭐 한 거야, 애들 교육을 어떻게 시킨 거야!

2. 도대체 잘하는 게 뭐야.

3. 누구네 엄마는 맞벌이하면서 살림만 잘하더라.

4. 그 얼굴에 돈 발라봤자지.

5. 차라리 나가 죽어라.

6. (자녀에게) 넌 도대체 누굴 닮아서 이 모양이야.

엄마가 아빠에게 절대로 해서는 안 될 말 7가지

1. 돈도 못 버는 주제에….

2. 남자가 그것도 못해?

3. 돈 못 벌면 그거라도 잘해야지. 이젠 그것도 못해, 꺼져!

4. 누구누구네 아빠는….

5. 병신.

6. 그 피는 못 속이지.

7. (외출할 때마다) 입을 옷이 없네, 신을 신발도 없고.

아빠, 엄마가 우리에게 절대로 해서는 안 될 말 6가지

1. 네 형의 반만 해라, 누나 좀 본받아라.

2. 네 친구 누구는….

3. 게임 좀 그만해라. 말 안 들으면 컴퓨터 부순다.

4. 스마트폰 그만하고 공부해라, 책 좀 읽든지.

5. 넌 꼭 의사나 변호사가 돼라.

6. 너도 결혼해서 널 빼닮은 애 낳아서 고생해봐라.

우리가 아빠, 엄마에게 절대로 해서는 안 될 말 5가지

1. 도대체 아빠가 나한테 해준 게 뭐야?

2. 아빠 능력이 그거밖에 안 돼?

3. 엄마는 공부 잘했어?

4. 부모 앞에서 욕설, 친구와 통화나 문자 시 욕설

5. 나가면 될 거 아니야, 내가 꺼지면 될 거 아니야.

장 씨 가정에서 평상시 절대로 해서는 안 될 말 33가지 유형을 소개했다. 대부분의 가정에서 거리낌 없이 하는 말들이 많이 담겨 있다. 화가 나면 순간적으로 이성을 잃고 절대로 해서는 안 될 말을 하는 게 보통 사람들의 성향이기 때문이다. 심각한 것은 상대의 자존감을 건드리는 말을 해놓고도 반성하지 않는 사람이 많다는 것이다. 가정이 행복해지기 위해서는 가족 간에 이런 말들이 사라져야 한다. 당신 가정도 오늘부터 '말 버리는 통'을 만들어 활용하는 건 어떨까?

07
은퇴 허니문에도
유효 기간이 있다

　허니문이란 꿀같이 달콤한 달이라는 뜻이다. 결혼 직후의 즐겁고 달콤한 시기를 이르는 말이다. 은퇴 허니문이란 말도 있다. 남편이나 아내가 다니던 직장에서 정년 퇴직(또는 정년을 몇 년 남겨놓지 않은 상태에서 명예 퇴직하거나 프로 스포츠 선수들이 현역에서 은퇴하는 경우도 포함됨)하는 경우, 결혼 직후의 허니문 기간처럼 부부가 즐겁고 행복한 시간을 보내는 시기를 말한다.

　30여 년간 공기업에서 직장 생활을 하다 58세에 정년 퇴직한 남성의 예를 보자. 퇴직하고 나면, 아내가 "30년 동안 가족 부양하느라 고생했으니 이젠 좀 쉬어라."면서 아주 잘해준다. 출근하지 않아도 삼시 세끼 밥 차려주고 과일이나 간식도 잘 챙겨준다. 아내가 일이 있어 외출하는 경우도 점심을 미리 차려준다. 친구들 만나 술 마시고 늦게 들어와도 관대하다. 낚시나 등산, 골프 같은 취미생활을 즐기느라 며칠씩 집을 비워도 잔소리하지 않는다. 그동안 일하느라 못했으니 맘껏 즐기라는 식이다. 퇴직한 남성 입장에서 보면 은퇴 허니문인 셈이다.

은퇴 허니문 역시 신혼 허니문처럼 유효 기간이 있다. 부부마다 차이가 있지만 평균 3~6개월 정도이다. 노후 준비가 잘되어 있는 사람은 문제가 없을까? 이런 사람도 예외가 아니다. 은퇴 허니문의 유효 기간을 무시해 이혼한 사례들도 제법 있다.

은퇴 허니문이 지날 때쯤 남편에 대한 아내의 마음은 어떨까?

'대인관계가 얼마나 변변치 못했으면 불러주는 사람이 없나. 내가 이런 남자랑 살았구나. 아들은 남편 닮지 말아야 할 텐데.'

'애들 결혼 준비도 그렇고, 우리 노후 준비도 완벽하게 끝난 게 아닌데 저렇게 태평스럽게 놀러 다니네.'

끝나지 않은 가장으로서의 본분과 관련한 생각들을 한다. 물론 남편더러 가장으로서의 본분을 다하라고 직접적으로 대놓고 자존심을 건드리거나 은연중에 내색을 하지는 않는다. 이 같은 아내의 속마음을 남편은 모를까? 남편도 결국 알게 된다. 결혼 생활 동안 '눈치 10단'이 됐기 때문이다. 어쨌든 남편은 자존감에 상처를 입는다. 아내로부터 무시당한다는 생각이 들기 때문이다.

그러나 이건 시작에 불과하다. 더 심각한 문제는 아내가 정서적으로 불안정해진다는 것이다. 대부분의 남편들은 퇴직 후 몇 달간은 무척 바쁘다. 그동안 만나지 못했던 사람들 만나랴, 은퇴 후의 삶인 인생 이모작 계획 세우랴, 취미생활하랴, 여행도 다니랴, 대학의 평생 교육과정 같은 교육 수강하랴 눈코 뜰 새 없다. 그러나 퇴직 후 3~6개월이 되면 차츰 여유가 생기며 집에 머무르는 시간이 많아진다. 이 때부터 아내는 정서적으로 매우 불안정해진다. 30년 동안 남편 출근하고 아이들 학교 가고 나면 자신만의 시간과 생활 공간이 있었다. 주부마다 조금씩 다르겠지만 집에서 음악 듣고 책 읽고, 친구들 만나고, 백화점 문화센터 가고, 등산도 가는 등 자신만의 생활이 있다. 그런데 집에 있는 남편 때문에 이런 것들을 침해받기 시작하는 것이다. 엉망진창이 되는 경우도 많다. 친구 만나러 외출하려는데 남편 점심이 영 찜찜하다. 한두 번은 차려 먹거나 시켜 먹으라고 할 수 있지만 반복되는 일상이 되니 이것도 영 부담이다. 이런 것들에 점점 불만이 쌓인다.

'내가 언제까지 삼식이 세끼 밥 차려줘야 하지?'

남편 퇴직 후 몇 개월 정도는 기꺼이 자신의 생활 공간과 라이프 스타일을 희생할 수 있었다. 그러나 앞으로 죽을 때까지 이렇게 살고 싶지는 않은 것이다. 이런 생각을 하는 아내들은 대부분 남편에게 다음과 같이 말한다.

"나도 정년 퇴직할래. 전업주부 은퇴하고 나도 내 삶을 살래."

지극히 일리 있는 말이다. (물론 말하고 싶지만 끝내 말하지 않는 아내들도 있다.) 이 같은 말을 듣고 난 남편들은 크게 두 가지 반응을 보인다. 첫 번째는 "주부가 무슨 정년이 있느냐."며 아내의 말을 무시하는 유형이다. 계속 이런 식으로 말하는 유형의 남편은 황혼 이혼을 당할 가능성이 높다. 은퇴하고 나서도 아내를 존중하는 마음이 부족하기 때문이다.

두 번째는 아내의 말을 듣고서 변신하는 남편들 유형이다. 이들은 적극적으로 집안일을 돕고, 회사 출근하듯이 아침에 일찍 집을 나섰다가 밤에 들어온다. 아내의 시간과 라이프스타일, 주부로서의 본분을 존중하기 때문이다.

물론 세 번째 유형의 남편들도 많다. 아내가 말하기 이전에 가사를 분담하는 등의 방식으로 이미 아내를 철저하게 존중하고 있는 그런 남편들 말이다.

김현철 씨는 올해로 3년째 지하철 택배 일을 하고 있다. 김 씨는 교장으로 정년 퇴직했다. 부부가 노후를 보내는 데 경제적인 어려움은 전혀 없다. 김 씨가 지하철 택배 일을 하는 이유는 딱 하나다. 정년 퇴직 후 1년이 지나자 "올해부터 집에 있으면 반드시 황혼 이혼할 거야."라는 아내의 추상같은 최후 통첩 때문이다.

"남자는 85세까지는 일이 없어도 회사 다니듯이 출퇴근해야 환영받는다."는 말을 부디 우스갯소리로 듣지 말기 바란다.

08
30년도 더 남았다고? 그림자 취급하지 마!

2013년에 결혼 20년 차 이상 된 부부의 이른바 '황혼 이혼' 건수는 3만 2,433건이다. 대법원이 발간한 '2014 사법연감'에 나오는 통계로 역대 최다 기록이다. 2009년 2만 8,261건이었던 황혼 이혼은 2010년 2만 7,823건, 2011년 2만 8,299건, 2012년 3만 234건 등으로 매년 증가하고 있다.

황혼 이혼이 전체 이혼에서 차지하는 비중도 28.1%로 5년 전에 비해 6%포인트가량 높아졌다. 주목할 점은 두 가지다. 하나는 황혼 이혼은 주로 여성이 청구할 것 같지만 남성의 청구 비율도 40%나 된다는 것, 다른 하나는 칠순이 넘은 나이에 이혼하는 부부들도 제법 있다는 것이다.

왜 이렇게 황혼 이혼이 증가하는 걸까? 칠순, 그 나이에 왜 이혼하는 걸까? 황혼 이혼의 원인은 무엇일까? 다음과 같은 이유들 때문이다.

주도권의 변화

대부분의 남성들은 은퇴하면 경제적 능력을 잃어버리고, 경제 활동에도 소극적이다. 가정 내 리더십 관계도 남편으로부터 아내에게로 역전되는 것이 일반적이다. 이 과정에서 갈등이 일어나고 결국 황혼 이혼까지 이르게 되는 것이다.

은퇴 전부터 부부간에 생각이 다를 수 있음을 인정하고 서로를 존중해주는 데 소홀했던 부부는 더 큰 갈등을 겪는다. 특히 '굳이 말하지 않아도 내 생각을 알아주겠지.', '이렇게 하자면 따라오겠지.'라는 생각으로 감정 표현에 소극적이었던 남성들에게서 문제가 많이 발생한다.

이 같은 남성들의 공통점은 다음과 같은 4가지다. 첫째, 대부분 열심히 일만 하면서 살아온 사람들이다. 둘째, 가정 내에서의 리더십은 이미 아내에게 넘어가 있다. 셋째, 정년 퇴직 이후에 상실감을 겪는다. 넷째, 자녀와의 관계에서의 주도권도 상실했다.

현실이 이렇다 보니 자신감을 잃고 의욕도 상실하게 된다. 삼중고를 겪게 되는 것이다. 그런데도 은퇴한 많은 남성들은 현재의 자신을 인정하기보다 과거의 나에 집착한다. 가장으로서의 자존심을 내

세우며 사사건건 잘잘못을 따진다. 은퇴 후에 부부 갈등의 골을 더 깊게 만드는 평균적인 패턴이다.

부부 갈등을 줄이고 황혼 이혼을 피하려면 과거의 나를 버리고 현실을 인정하는 것이 중요하다. 가정 내에서 아내의 변화된 위상과 본분을 인정하고 존중해줘야 한다. 아내의 입장을 적극 지지하고 지원하는 것이 필요한 것이다.

신체적 · 정신적 노화

서울대병원 정신건강 의학과 윤대현 교수는 "나이가 들면 사고가 더 성숙해지고 관대해질 것이라 생각하지만 현실은 그렇지 않다. 사소한 일에도 감정이 상하고 상대방에 대한 이해도가 떨어지며 자기 고집이 강해지고 잔소리가 심해진다."고 말한다. 노년기에 접어든 사람들의 정신적 노화기에 나타나는 대표적인 현상이다.

67세 김정순 씨가 막내 아들을 장가보내고 나서 황혼 이혼을 결심한 이유는 이렇다.

"남편이 공무원으로 퇴직하고 나서, 그러니까 이혼하기 3~4년 전부터 본격적으로 스트레스를 주더라고요. 그동안 벌어온 거 다 어디 갔느냐, 돈이 얼마나 되느냐며 자꾸 간섭하고요. 심지어 제가 외출하는 것을 확인하고 미행하고요. 이런 행동이 자꾸 나오니까 도저히 같이 살 수 없겠더라고요. 사실은 남편 퇴직하기 전에도 많이 참았어요. 아니, 아이들 때문에 참을 수밖에 없었다는 표현이 맞겠네요. 애들이 자라면 고등학교 보내야지, 또 대학 가야지, 대학 졸업하면 취업해야 되고 결혼도 시켜야 되잖아요. '내가 참자, 조금만 참자.' 이러다 보니까 사실 이혼하지 못하고 내 나이 60대까지 온 거예요. 그런데도 남편은 전혀 변하지 않는 거예요. 매사 타박하고 의심하는 남편과 더 살다간 화병으로 죽겠다 싶더라고요. 앞으로 언제까지 살지 모르지만, 90세까지 산다고 가정했을 때 30년이나 남았더라고요. 이제부터는 내 인생을 살아야 하지 않겠어요?"

신체적 노화 역시 노년기 부부 갈등과 황혼 이혼을 부르는 요인이다. 한국보건사회연구원이 2012년 8월에 성인 남녀 3,000명을 대상으로 실시한 저출산·고령화 사회와 관련한 국민의식 조사 결과가 이를 증명한다. "평균 수명이 늘어나면서 신체적 노화로 여성이 남편을 돌봐야 하는 기간이 길어져서 노부부 갈등이 발생할 것이라는 항목에서 여성 71.9%가 동의했다. 같은 항목에서 남성은 66.4%가 동의했다."

어떤 부부든 살아오면서 쌓인 좋지 않은 감정이 있다. 그런데도 아이들 때문에 어쩔 수 없이 시중들면서 살아왔다. 그러나 남은 기간 동안 신체적인 노화까지 진행된 배우자를 더 이상 시중들면서 살고 싶지 않다는 것이다. 그래서 다음과 같은 말들이 있는 것이리라.

"늙어서 시중드느니 차라리 혼자 사는 게 낫겠다."

"남자가 혼자 살면 이가 서 말이고, 여자가 혼자 살면 쌀이 서 말이라더라. 난 혼자 살 자신이 있어요."

남녀 호르몬의 변화도 노년기 부부 갈등을 부른다. 여성은 나이가 들수록 자기 주장이 강해지고 대범해지는 반면, 남성은 차분해지고 활동성이 줄어들어 상대적으로 위축되는 경향이 강해진다. 젊었을 때는 그렇지 않던 부부도 노년기에는 잦은 의견 충돌이 일어날 수 있는 이유인 것이다.

사회적, 경제적 여건의 변화

대부분의 중, 장년층 부부가 여러 가지 사유로 특별한 준비 없이 노년을 맞는 것이 현실이다. 그렇다 하더라도 과거보다 경제적인 어려움은 덜한 편이다.

과거에는 이혼을 꺼리는 이유로 경제적 어려움을 꼽았으나 현재는 그렇지 않다. 어느 정도 재산을 형성한 부부가 법 제도의 변화로 재산 분할이 가능해지고, 국민 연금과 같은 공적 연금도 분할 수령이 가능해졌기 때문이다.

또한 여성의 사회적 지위가 향상돼 아내들이 더 이상 참지 않고 인간답게 살고자 하는 욕구는 더욱 강해졌다. 여성의 사회활동이 증가하면서 남편의 가부장적인 관습을 더 이상 받아들이지 않는 사회적 분위기도 영향을 미쳤다.

황혼 이혼을 예방하는 법

황혼 이혼이라는 아픔을 겪지 않으려면 사전에 갈등의 싹이 트지 않도록 하는 것이 중요하다. 황혼 이혼을 예방하여 아름다운 동행이 될 수 있는 네 가지를 방법을 제안한다.

첫째, 내가 먼저 배우자를 인정하고 존중해야 한다. 황혼 이혼의 가장 핵심적인 이유는 자신의 배우자는 존중하지 않으면서 자신은 존중받고자 한다는 것이다. 황혼 이혼을 청구하는 남성들 대부분이 여기에 해당된다. 자신은 가족 부양을 위해 노력했으니 은퇴 후에 삼시 세끼 따뜻한 밥상 받으며 살 권리가 있다는 생각만 하는 것이다. 배우자는 존중하지 않고 자신만 존중받겠다는 지극히 개인적인 생각이다. 많은 아내들이 이에 반발해서 황혼 이혼만이 유일한 해결책이라며 이혼을 청구한다. "상대를 바꾸는 유일한 방법은 내가 변하는 것이다."란 말처럼 은퇴 후에 존중받으려면 먼저 배우자를 존중해야 함을 명심하기 바란다.

둘째, 아내도 정년 퇴직시켜라. 직장 생활하다 퇴직한 아내든 전업 주부로 평생을 함께 한 아내든 당신이 정년 퇴직 또는 은퇴하는 그 날부로 '주부직에서 정년 퇴직'시키란 말이다. 직장에만 정년이 있는 건 아니다. 주부도 정년이 있어야 부부가 공평해지지 않을까? 주부가 정년 퇴직한 가정은 남편과 아내가 집안일을 공평하게 나눠 하면 된다.

셋째, 남편을 존중하라. 황혼 이혼 청구의 40%를 남편이 하는 이유는 존중받지 못한다는 것에 있다. 남편들의 마음속에는 가족의 생계 부양을 위해 열심히 일하고 나서 은퇴했으니 이제는 가족들로부터 존중받으며 살고 싶은 욕구가 있다. 그러나 아내는 물론 자녀들조차 그 마음을 존중하지 않고 심지어 그림자 취급을 한다면 '내가 누구를 위해서 죽어라 일했는데.'라는 생각에 배신감과 상실감을 느낀다. 돈을 많이 벌었든 벌지 못했든 가장으로서의 본분을 다하기 위해 노력한 남편을 존중해줘라.

넷째, 취함부가 돼라. 은퇴 후 부부가 등산이나 배드민턴 등의 취미 또는 여가생활을 같이 하는 것이야말로 황혼 이혼을 예방하는 최고의 방법이다.

진정한 사랑은 상대방을 자유롭게 놓아주는 것, 즉 배려해주는 것이다.
그 사람에게 집착하고 그 사람이 바깥으로 나돌지 못하게 하는 게 아니다.
진정한 배려는 사랑보다 훨씬 더 진하다고 할 수 있는 근거들이다.

SECRET 03

배려

01
동병상련

여행 4일 차 아침이 밝았다. 먼 거리를 이동해 꽃의 도시로 불리는 피렌체 관광을 하고 밀라노를 돌았다. 하루의 일정을 마치고 한식당에서 간단하게 회식을 겸한 저녁 식사 자리가 마련되었다. 화영은 두리번거리다가 딸과 함께 여행 온 30대 후반의 여자 옆에 앉았다. 어쩌면 몇 년 후의 자신의 모습일지 모른다는 생각에 화영은 그녀와 이야기를 나누고 싶었다. 그날 저녁에 딸과 함께 여행 중인 30대 후반 여성의 룸에서 두 사람의 만남이 이루어졌다.

그녀는 자신을 수연 엄마라고 소개하며 서른여덟이라고 했다. 화영보다 다섯 살 위라 화영은 편하게 언니라 부르기로 했다.

"화영 씨는 은행 다닌다고 했죠? 좋으시겠어요. 일반 기업에 비해 안정적이고 남녀 차별도 덜한 편이라죠."

화영은 사실 실적 때문에 엄청 스트레스 받는 곳이라는 얘기를 했다. 수연 엄마는 고개를 끄덕이면서도 가볍게 웃었다. 그녀는 보험 영업을 하고 있다고 했다.

보험 영업인들 중에 억대 연봉자들이 많더라며 화영이 유도 심문하듯 물었다. 하지만 수연 엄마는 자신의 연봉 수준은 밝히지 않았다. 잠시 동안 어색한 침묵이 흐르자 화영이 몇 번을 망설이던 끝에 질문을 던졌다.

"수연 아빠는 뭐 하시는 분이세요? 꽤나 바쁘신 분인가 봐요?"

수연 엄마는 창밖으로 시선을 돌리며 쓴웃음을 지었다.

"수연 아빠와는 헤어졌어요."

아픈 상처를 들춘 것에 대해 화영이 사과의 뜻을 표했다. 수연 엄마는 이젠 아무런 미련도 남아 있지 않은 것처럼 덤덤하게 말했다. 이혼한 지는 4년이 됐고, 이혼 계기는 수연 아빠가 잘 다니던 직장을 그만두면서부터 비롯됐다고 했다.

"수연 아빠가 직장을 일찍 그만두신 편이네요. 그만둔다고 할 때 말리지 않으셨어요?"

"왜 말리지 않았겠어요. 회사 그만두면 이혼하겠다고 펄쩍 뛰면서 말렸죠."

수연 엄마는 빙그레 웃으면서 남편이 회사 그만둔다고 이혼하는 여자가 얼마나 있겠느냐며, 수연 아빠가 두 번이나 사업을 실패했어도 이혼할 생각은 전혀 없었다고 했다. 화영은 이해가 되지 않았다. 이혼 여행을 온 중요한 이유 중 하나가 바로 은서 아빠의 경제적 능력 때문이 아니던가.

수연 아빠가 두 번째 사업 실패 후 실의에 빠져 6개월 동안 아무 일도 하지 않아 수연 엄마는 결국 전업주부였던 자신이 나섰다고 했다. 가사도우미, 편의점 아르바이트, 식당 일까지 돈이 되는 일이라면 닥치는 대로 했지만 버는 게 적다 보니 수연 아빠가 진 빚은 줄지 않았다고 했다. 그러다 지인 소개로 보험 영업을 하게 됐다고 말했다. 수연 엄마는 어려웠던 시절이 떠오르는 듯 눈시울을 붉혔다. 보험 영업 초기에 시장 상인으로부터 소금 세례를 받고 펑펑 울었던 일, 친한 친구한테 매몰차게 거절당했던 기억, 보험 가입할 생각도 없으면서 괜히 사무실로 불러놓고 노닥거리던 남자들 이야기도 했다. 화영이 화난다는 표정으로 수연 아빠의 그런 태도를 왜 묵과했냐고 물었다. 수연 엄마가 한숨을 내쉬며 말했다.

"수연 아빠도 정신 차리고 대리 운전을 나가고, 우유 배달도 시작했어요."

화영이 수연 아빠도 마음 잡고 나름 열심히 노력한 것 같은데 왜 이혼했느냐는 듯한 표정으로 수연 엄마를 바라보았다. 수연 엄마가 다시 길게 숨을 내쉬며 말했다.

"수연 아빠가 적게 버는 건 얼마든지 견딜 수 있었어요. '남편이 돈 못 버는 건 이혼 사유가 아니라 내가 돈 벌어야 할 팔자'라고 생각하고 참았거든요. 날 정말 힘들게 한 건 수연 아빠의 태도였어요. 보험 영업을 하고 나서부터 날 의심하기 시작하더라고요. 고객을 한 명이라도 더 만나려는 욕심 때문에 밤늦게 들어가는 날이 점점 많아졌거든요."

"열심히 하는데 정작 남편은 의심을 하니 정말 맘이 편치 않으셨겠네요."

진수로부터 의심을 당해 본 경험이 있는 화영이 넌지시 물었다.

"당해 보지 않고선 실감이 안 날 거예요. 돈 벌어 빚 갚겠다는 일념으로 파김치가 되도록 노력하는 사람한테 고생한다는 말은 못해 줄 망정 고작 한다는 말이 뭐였는지 아세요?"

수연 엄마는 가슴속에 아직까지도 남아 있을지 모를 응어리라도 토해내려는 듯 또다시 한숨을 내뱉었다.

02
용서받지 못한 자

　웃음이나 하품만 전염되는 게 아닌 모양이었다. 화영도 절로 한숨이 나왔다. 그런 화영의 모습을 보던 수연 엄마의 눈에 눈물방울이 맺히는가 싶더니 두 볼을 타고 쪼르륵 흘러 내렸다.

　"언제부턴가 수연 아빠가 이렇게 말하는 거예요. 오늘은 또 어떤 놈 만나고 오느라 늦었냐고요. 처음에는 어이가 없어 아무 말도 안 나오더군요. 그런 나를 보며 바람피운 주제에 무슨 할 말이 있겠느냐며 입이 열 개라도 할 말이 없을 거라고 하더라고요. 너무 억울해서 펑펑 울었어요."

　"그래서 이혼을 결심하게 된 거군요."

　수연 엄마는 고개를 가로저었다. 수연이를 위해서, 가정을 위해서 아무리 힘들어도 참자고 수천 번도 더 다짐했다고 했다. 원래 이 사람이 이렇게 나쁜 사람이 아니다, 이 사람을 빨리 패배의 늪에서 건져내야 한다, 빨리 빚 갚고 나서 사업 자금을 만들어주면 이 사람도 달라질 거라고 생각하면서. 수연 엄마는 꾹 참고서 수백 번도 더 남편을 설득했다고 한다. 자신이 열심히 일해서 사업 자금 마련해 줄 테니 이번에는 멋지게 성공해 보라면서. 그렇게 말하면 수연 아빠는 고개를 끄덕였다고 한다. 그러나 다음 날 새벽에 들어와서는 수연 엄마의 가슴에 깊은 상처를 남기는 말을 반복했다고 했다. 자신이 그런 더러운 돈을 받을 것 같으냐며. 언어폭력으로 안 되니까 주먹과 발길질도 했다고 했다.

"결국 폭력 때문에 이혼하신 건가요?"

수연 엄마는 이번에도 고개를 가로저었다.

"수연이에게 상처를 주기 싫었어요."

이 세상 모든 엄마들의 생각이 다 수연 엄마와 같을 것이다. 하지만 화영은 은근히 화가 치밀어올랐다. 갈 길이 창창한 젊은 여자가 딸을 위해 자신의 삶을 완전히 희생하겠다는 것도 그렇지만, 정상적인 생활이 불가능할 정도로 이성을 잃은 남자에게 왜 그토록 집착했는지 이해가 되지 않았다.

"수연이도 중요하지만 수연 엄마의 삶도 중요하잖아요. 왜 그렇게 수연이에게 집착하셨어요?"

"아홉 살 때 부모님이 이혼하셔서 상처를 많이 받았거든요. 나 혼자 울면서 나중에 결혼하면 절대 이혼하지 않겠다고 다짐도 많이 했고요. 이혼을 생각할 때마다 딸은 엄마의 인생을 닮는다는 말도 계속 마음에 걸리더군요. 그래서 우리 수연이를 위해서 무슨 일이 있어도 이혼만은 하지 않으려고 했던 거예요."

"죄송해요, 전 그런 줄도 모르고. 그렇게 완강하셨는데 왜 이혼하신 거예요? 무슨 상상도 못할 일이 벌어진 건가요?"

수연 엄마는 그때 일이 다시 떠오르는 듯 쓸쓸하게 웃었다. 수연 아빠한테 맞아서 눈이 시퍼렇게 멍들었어도 일을 쉬지 않았다고 했다. 빨리 돈 벌어서 빚 갚고 옛날처럼 행복한 가정을 만들겠다는 일념으로. 그러나 수연 아빠는 그런 수연 엄마를 더 절망하게 만들었다고 했다. "어느 놈이 그렇게 좋아 눈이 멍든 채로 밖에 나가느냐, 이 화냥년아!" 같은 심한 말을 시도 때도 없이 하면서 말이다.

그러다 결정적인 사건이 터졌다고 했다. 다리가 빠지도록 돌아다니다 집에 들어가 잠이 들었는데 잠결에 이상한 느낌이 들어서 깼더니 머리카락이 잘리고 있더라는 것이다. 수연 아빠에게 무슨 짓이냐고 울부짖으며 반항했지만 머리카락은 이미 반도 더 잘려나간 뒤였다고 했다. 더 기가 막힌 건 자신이 깬 상태에서도 멈추지 않더라는 거였다.

"인간이 아니라 짐승이었군요."

화영이 화가 나서 이렇게 말했다. 수연 엄마가 잠자고 있는 수연이를 바라보며 눈물을 흘리며 말했다.

"아무리 힘들어도, 이 사람이 내게 무슨 말을 해도 참아야 한다. 이 고비를 넘기면 반드시 좋은 시절이 올 것이다.' 이렇게 수없이 다짐하면서 버텼는데 더 이상은 안 되겠다는 생각이 들더군요. 자칫하면 나와 수연이 목숨마저 위태로울 수 있다는 생각이 들었거든요. 그래서 그 사람 일 나간 틈을 타서 수연이 데리고 친정으로 갔어요. 친정에 갔더니 엄마가 그러시더라고요. '하늘이 무너지고 땅이 갈라져도 이혼만은 절대 안 된다고 생각했는데, 이젠 그만 헤어져라. 부부간 사랑과 행복, 백년해로, 이런 말들은 우리 모녀에겐 너무나 사치스런 말인가 보다. 부부로 산다는 게 무엇이냐. 너를 이렇게 분노하게 만든 사람과는 도저히 부부로 살 수 없는 것 아니냐.' 이렇게 말씀하시고 나서 통곡을 하시더라고요. 시퍼렇게 멍들었던 내 눈, 듬성듬성 잘려나간 내 머리카락을 하염없이 어루만지면서 말이에요. 딸 역시 폭력 때문에 이혼해야 한다는 현실이 그렇게 서러우셨나 봐요. 그날 엄마와 수연이를 부둥켜안고 대성통곡을 했어요."

"결국 그랬군요. 하지만 수연 아빠가 순순히 이혼에 동의하지 않았을 것 같은데요."

"네, 맞아요. 친정집에 찾아와서 잘못했다고 무릎 꿇고 빌고 그랬죠. 하지만 끝내 우리 모녀의 용서를 받진 못했어요. 전에도 폭력을 휘두르고 나서 다시는 그런 일 없을 거라며 용서를 빈 적이 한두 번이 아니었거든요."

이혼하지 않으려 발버둥쳤던 여인과 이혼을 눈앞에 둔 여인은 잠시 아무런 말없이 두 손을 맞잡고 눈물을 쏟았다.

"이혼하면서 수연이한테 약속했죠. 엄마가 열심히 일해서 돈 많이 벌 테니 제주도도 가고 유럽도 가자고요. 그때 수연이가 제 눈물을 닦아주면서 말하더라고요. '엄마, 알았으니까 울지 마.' 그 말 듣고 또 얼마를 울었는지 몰라요. 수연이가 겨우 네 살 때 일이에요. 그러곤 악착같이 일했어요. 두세 달마다 구두를 바꿔야 할 정도로 뛰어다녔죠. 입술이 부르트고 혓바늘이 돋아도 쉴 수 없었어요. 1년 365일, 단 하루도 쉬지 않고 이를 악물고 뛰어다닌 덕에 금년에 연봉 3억을 받게 됐어요."

"우아, 연봉 3억이라. 정말 대단하세요."

대단하기도 하고 부럽기도 하다는 듯 화영이 말했다. 그런 화영의 두 손을 잡고서 수연 엄마는 연봉 10억에 도전할 거라고 말했다. 수연 엄마의 양 볼을 타고 흐르던 눈물 자국도 어느새 말라 있었다. 틀림없이 연봉 10억의 주인공이 될 수 있을 거라는 듯 화영이 두 손에 힘을 주었다.

03
부부간 진정한 배려

"한바탕 폭풍이 지나가고 나서 생각해보니 원인은 제가 제공했더라고요."

순간, 화영은 '혹시 수연 엄마가 이혼하기 전에 다른 남자를 만나기라도 했다는 말인가?'라는 생각이 퍼뜩 들었다. 하지만 전혀 내색하지 않은 채로 말했다.

"언니 책임은 0.01%도 없는 것 같은데."

화영의 말에 수연 엄마가 고맙다는 표정을 지었다.

"이런저런 아르바이트를 하며 생계를 이어갈 때도 그렇고 보험 일을 할 때도 그렇고 집에 오면 너무 피곤해서 수연 아빠가 잠자리를 하자고 하면 거부했거든요. 몸이 피곤하면 정말 하기 싫잖아요. 지금 생각해보면 그게 제 실수였던 것 같아요."

사실 수연 엄마가 남편을 피한 데는 또 다른 이유가 있었다고 했다. 수연 아빠가 사업에 실패한 뒤로는 잠자리를 갖고 싶은 마음이 전혀 안 생기더라는 것이다. '돈도 못 벌고 가장 노릇도 못하는 주제에 그래도 남편 노릇은 하고 싶은 모양이지?'라는 생각이 가슴속 깊은 곳에 자리하고 있었던 것 같다는 말도 했다.

"어느 책을 읽다가 남녀 간 성에 대한 인식이 다르다는 걸 깨달았어요. 남자들은 자신의 유전자를 널리 퍼뜨리고자 하는 본능적인 욕구는 물론 아내나 연인이 자신의 여자라는 사실을 확인하려는 욕구도 있다더라고요. 반면 여자는 더 강하고 능력 있는 남자의 유전자를 받아들이려는 욕구가 있고요. 그런 걸 이해하지 못하고 가장으로서의 본분을 다하지 못했다는 구실로 제가 수연 아빠를 거부한 셈이니까요. 그렇다고 제가 결코 밖에서 다른 남자를 만나고 그러진 않았어요."

수연 엄마의 말에 일리가 있다는 생각이 들었다. 그런 화영을 보며 수연 엄마가 다시 긴 한숨을 내쉬며 말했다.

"몇 번 잠자리를 거부하니까 수연 아빠도 더 이상은 요구하지 않더라고요. 전 그걸로 됐다 싶었죠. 사실 너무 힘들고 피곤해서 신경 쓸 겨를도 없었지만요. 그런데 수연 아빠는 다르게 생각한 거죠. 화영 씨도 살다 보면 그럴 때가 있을 거예요. 그럴 때 너무 피곤하다고 또는 정말 꼴도 보기 싫다고 각방 쓰고 그러지 마세요. 헤어질 각오가 아니라면요. 남녀 간 성에 대한 인식의 차이를 무조건 여성인 나 중심에서만 생각할 게 아니라 남편의 입장도 배려해줘야 한다고 봐요. 물론 남편도 마찬가지여야겠지만요."

수연 엄마의 말에 화영이 말없이 고개를 끄덕였다. 수연 엄마가 다시 말했다.

"부부로 살아내기 위해 지켜야 할 첫 번째가 배려라는 걸 전 이혼하고 나서야 깨달았어요. 물론 남편이 설거지나 청소 등 집안일을 도와주는 것도 배려라 할 수 있겠죠. 하지만 그런 것들 외에 육체적 배려도 중요하더라고요. 전 부부간 진정한 배려 중 하나가 섹스라는 걸 뒤늦게 깨달았어요."

"몸이 피곤하다, 할 맘이 눈곱만큼도 없다, 내가 그렇게 싫다는 데도 짐승처럼 그게 그렇게 하고 싶으냐는 식으로 아내인 자신의 입장만 생각하지 말아야 한다는 말씀이군요."

"맞아요. 좋은 아빠를 원하면 먼저 좋은 아들이 되라는 말처럼 좋은 남편을 원했다면 내가 먼저 좋은 아내가 됐어야 하는데 난 그러지 못한 거죠. 먼저 배려하기보다 배려받기만을 원하며 살았던 게 정말 후회돼요."

수연 엄마가 또다시 주르륵 눈물을 흘렸다. 그녀의 두 손을 화영이 말없이 잡았다.

수연 엄마와 헤어지고 화영 혼자 호텔로 돌아왔다. 아직 진수는 돌아오지 않은 상태였다. 화영은 샤워를 하고 침대에 누워 잠을 청했다. 하루를 강행군한 탓에 피로가 한꺼번에 몰려들었지만 쉽게 잠들지 못했다. 수연 엄마가 헤어지면서 "화영 씨, 무슨 일이 있어도 이혼만은 절대 하지 마세요."라고 이야기했던 것이 계속 마음에 걸렸다.

화영은 한숨을 내쉬었다. 주식 투자에 실패해 생활비를 주지 않은 것을 빌미로 그동안 진수를 무시했다는 생각이 들었다. 진수의 입장과 자존감을 좀 더 존중하고 배려해주지 못한 채 자신의 입장만을 먼저 생각했다는 자괴감이 들었다.

검사이면서 경제적 능력도 좋은 중학교 동창의 요구를 뿌리치지 못한 것도 너무 후회가 됐다. 이런저런 생각에 침대에서 뒤척이던 화영은 옆 테이블에 놓인 USB가 눈에 들어왔다. 회장이 진수에게 USB를 건네며 던진 말이 떠올랐다.

"미처 알지 못했던 행복한 가정의 비밀들을 찾을 수 있을 거야."

화영은 침대에서 일어나 자신의 노트북에 USB를 꽂았다. 다섯 개의 폴더 중 '배려'가 가장 먼저 눈에 들어왔다. 수연 엄마가 했던 '진정한 배려'라는 말이 떠올랐다. 화영은 망설임 없이 폴더를 클릭했다.

04
배려는 사랑보다 진하다

따스한 햇살이 내리쬐던 5월 어느 날, 숲 속에서 많은 동물들의 축하를 받으며 결혼식을 치른 소와 호랑이의 신혼 생활은 달콤했다. 소는 아침 일찍 일어나 남편 호랑이와 함께 먹을 맛있는 아침상을 차리기 위해 들로 산으로 바쁘게 돌아다녔다.

"어머, 여기 아침 이슬을 그대로 머금고 있는 신선한 풀 좀 봐. 너무 맛있겠다."

소는 풀을 한 아름 뜯어와 아침상을 차렸다.

호랑이는 아내가 준비한 음식을 맛있다며 먹었다. 셋째 날, 넷째 날도 마찬가지였다. 그러나 풀만 먹다 보니 호랑이는 무척 배가 고팠다. 하지만 차마 아내에게 말하지는 못했다.

신혼 첫 주말을 맞아, 소와 호랑이 부부는 외식을 하러 나왔다. 호랑이는 사랑하는 아내를 데리고 닭 요리 전문점으로 가서 닭을 5인 분이나 주문했다. 일주일 내내 풀만 먹었기에 고기를 제대로 먹고 싶었기 때문이다.

"자기야, 이거 먹어 봐. 이게 가장 맛있는 닭다리야. 닭발도 한번 먹어 볼래?"

소는 내키지 않았지만 남편 호랑이의 호의에 용기를 내어 닭다리를 입에 물었다. 그러나 영 비위가 맞지 않아 한입 먹자마자 도로 뱉어 버렸다. 호랑이는 소를 이해할 수 없다는 표정으로 말했다.

"닭 요리가 맛이 없어?"

"아니야, 맛있는데 내가 속이 안 좋아서 그래."

그날 소는 집에 돌아와서 풀로 저녁식사를 다시 했다. 신혼 두 번째 주도, 세 번째 주도 소와 호랑이의 식단은 변하지 않았다. 호랑이는 회사에서 먹는 점심을 제외하고 매일매일 아침과 저녁에 풀로 만든 요리를 먹어야 했다. 호랑이는 점점 야위어 갔다.

"이러다 영양실조 걸려 죽는 거 아닌지 모르겠네. 내가 이러려고 결혼했나?"

호랑이가 아내인 소를 사랑하지 않는 것은 결코 아니었다. 호랑이는 사랑하는 아내를 위해 이삼 일이 멀다 하고 선물을 사다주었다.

"자기야, 오늘 내가 선물 사왔다."

"신난다. 뭔데?"

기대에 부풀었던 소는 이내 실망했다. 호랑이가 사온 선물은 다름 아닌 고기 세트였다. 토끼 고기 세트, 노루 고기 세트…. 소는 남편의 입에서 선물의 ㅅ자만 나와도 토할 것 같이 비위가 거슬렸다.

그렇게 1년이 지날 무렵, 소는 더 이상 호랑이와의 결혼 생활을 유지하는 게 의미가 없다고 생각했다. '이렇게 나를 배려할 줄 모르는 남자와 어떻게 평생을 살아?'라는 생각이 들었기 때문이다. 물론 호랑이 역시 마찬가지였다. 결국 소와 호랑이는 갈라섰다.

호랑이와 소는 왜 갈라섰을까? 남편과 아내로서의 본분을 다하려 노력하지 않았기 때문일까? 서로의 입장을 존중하지 않았기 때문일까? 서로 사랑하지 않았기 때문일까? 모두 아니다. 둘 다 본분을 다하기 위해 노력했다. 또한 상대를 존중하기 위해 노력했으며 서로 너무나 사랑했다. 둘이 갈라선 이유는 딱 한 가지, 서로 배려하지 않았다는 것이다.

한 가정이 행복하기 위한 조건 역시 마찬가지다. 각자의 본분 다하기와 가족 간의 존중만으로는 부족하다. 배려가 절대적으로 필요하다. 배려란 관심을 가지고 도와주거나 마음을 써서 보살펴주는 것을 말한다. 어떤 이들은 소도 호랑이도 각자 상대방을 보살펴주려는 배려의 마음이 있었다고 말할 것이다. 그런 마음이 있었기에 풀로 아침상을 차려주고, 고기를 사다준 거 아니냐면서 말이다. 일리 있는 말이다. 하지만 이는 진정한 배려가 아니다. 진정한 배려란 역지사지,

즉 나 자신의 입장에서가 아닌 상대방의 입장에 서서 도와주거나 보살펴주는 것을 말한다.

소가 진정으로 남편인 호랑이를 배려하는 마음이 있었다면 풀 요리만 내놓을 것이 아니라 고기 요리로 상을 차려야 했다. 호랑이 역시 마찬가지로 소가 좋아하는 풀을 선물해야 했다. 가족 간의 배려역시 마찬가지다. 그러나 현실은 그렇지 못한 가정이 많다. 나름 배려한다고 하는데 상대는 전혀 배려받지 못했다고 느낀다.

2014년 하반기에 KDB 대우증권에서 50세 이상 남녀 고객을 대상으로 설문 조사를 했다. 질문 중 하나는 남편이 집안일 중에서 어떤 일을 도와주길 원하는지였다. 예상대로 '청소'라는 답변이 제일 많았다. 두 번째로 많은 대답은 의외로 '가만히 있어주는 것'이었다. 특히 소득이 높고 금융자산이 많은 가정의 여성일수록 이 대답의 비율이 높았다. 왜 이 같은 답변이 나온 걸까? 남편이 집안일을 도와준답시고 오히려 번거롭게 만들거나 사고를 치기 때문이다.

예를 들어, 청소를 도와준다며 청소기를 돌리는데 청소를 한 건지 만 건지 모를 정도로 청소 상태가 불량하다. 결국 아내가 다시 한번 청소기를 돌려야 하는 것이다. 아예 사고를 치는 경우도 있다. 설거지를 해준다며 아내가 아끼는 찻잔을 깨뜨리고 그것도 모자라 깨진 찻잔을 치우다 손에 상처까지 입는다. 요리를 한답시고 부엌을 들락날락하면서 간장이 어디 있는지, 큰 접시는 어디 있는지 계속 물어본다. 좀 편히 앉아 쉬어 보려던 아내가 짜증을 낼 수밖에 없다. '앓느니 죽는다고, 내가 하고 말지…'라면서.

어느 정도 집안일이 익숙해질 때가 되었는데도 불구하고 시간이 지나도 아내의 눈높이를 만족시키지 못하는 남편들도 제법 많다. 이 지경이라면 집안일을 도와주겠다는 자세가 존중은 될지언정 진정한 배려는 될 수 없다.

옛날 어느 유명 배우가 역시 유명 여배우였던 아내와 이혼하면서 남긴 말이 화제가 됐던 적이 있었다. "너무나 사랑하기 때문에 헤어진다."

《갈매기의 꿈》으로 유명한 소설가 리처드 바크도 이런 말을 했다. "만일 누군가를 사랑한다면 그 사람을 자유롭게 놓아줘라. 그 사람이 돌아온다면 그 사람은 당신의 것이다. 하지만 그 사람이 돌아오지 않는다면 그 사람은 당신의 것이 아니다."

진정한 사랑은 상대방을 자유롭게 놓아주는 것, 즉 배려해주는 것이다. 그 사람에게 집착하고 그 사람이 바깥으로 나돌지 못하게 하는 게 아니다. 진정한 배려는 사랑보다 훨씬 더 진하다고 할 수 있는 근거들이다.

배우자뿐 아니라 가족 간에 배려하는 것도 중요하다. 또한 형제, 사촌 등 친지들 간에도 배려가 필요하다. 명절 때 가족과 친지들이 모였을 때의 배려의 기술에 대해 알아보자.

아무 생각 없이 조카나 사촌들에게 취직은 했는지, 결혼은 언제 할 건지 불쑥 묻는 이들이 많다. 오랜만에 만났는데 아무것도 묻지 않으면 오히려 무관심한 사람으로 비쳐질 것 같아서 그런다는 이유가 많다. 그렇다면 인사만 건네고 아무것도 묻지 않는 게 배려일까? 진정한 배려는 상대의 상황에 맞게 질문을 던져주는 것이다.

사전에 상대방의 상황을 파악하고 말문을 트는 게 좋다. 결혼이 잘 진행되고 있다든지, 수능 점수가 잘 나왔다든지 하는 긍정적인 상황에서는 축하의 말이나 앞으로의 진로에 대해 질문하는 게 좋다. 반대로 좋지 않은 상황에서는 격려의 말이나 대안을 줄 수 있는 경우에 한해서만 말을 건네는 것이 좋다. "삼촌 주변에 정말 좋은 사람이 있는데 한번 만나 볼 의향이 있니?" 같이. 단, 이때도 유의해야 할 상황이 있다. 복수의 가족이나 친지가 있는데 한 사람은 축하를 받을 상황, 다른 사람은 어려운 상황일 경우다. 이때는 격려받을 사람을 먼저 챙겨야 한다.

이처럼 명절이 즐겁기 위해서도 역지사지의 마음으로 서로의 입장을 배려할 줄 알아야 한다. 아무리 가족이라도 상대의 자존감을 건드리기 쉬운 말들을 불쑥 꺼내서는 안 된다.

05
집 지키는 강아지

경기도 일산에 사는 53세 주부 김명애 씨는 공기업 부장인 남편과 25세 딸, 23세 아들과 살고 있다. 직장 다니다 28세 때 남편을 만나 결혼했고 첫아이를 낳고 전업주부로 지냈다. 남편은 지금껏 아내의 속을 썩이지 않은 지극히 평범한 사람이다. 자식들 역시 무난하게 공부 잘해서 대학원과 대학에 다니고 있다. 남들이 볼 때 아무런 걱정 없는 중산층 가정이다. 그러나 김명애 씨는 스스로 자신을 집 지키는 강아지라 부른다. 왜 그럴까?

김명애 씨의 삶은 그 나이 또래 대한민국의 여느 전업주부와 크게 다르지 않다. 신혼 초는 남편 내조하고 그 뒤로는 두 살 터울의 딸과 아들을 키우느라 정신없이 보냈다. 딸아이가 중학교 들어가면서부터는 더욱 바쁜 나날을 보냈다. 어느 학원이 좋은지 어떤 선생이

명강사인지 엄마들 모임에 나가서 정보를 얻고, 학교 끝나고 나면 아이를 차에 태워 부리나케 이 학원 저 학원으로 이동시켜야 했다. 이런 노력 덕인지 아이들이 착해서였는지 딸과 아들 모두 특목고에 진학했다. 특목고에 진학시킨 다음에도 그녀는 주말이면 딸과 아들을 강남의 유명 학원에 데려가 부족한 과목을 공부시켰다. 차가 막힐 때는 학원 시간에 늦지 않기 위해 총알 택시처럼 차를 몰아야 하는 날들도 제법 많았다. 김명애 씨는 그 당시와 자신의 소녀 시절을 비교하며 이렇게 말했다.

"시골 학교지만 중학교 3년 동안 전교 1등을 놓치지 않을 정도로 공부를 잘했어요. 그런데 아버지께서 집안 형편이 어려우니 실업계 고등학교로 진학하라더군요. 졸업하고 취직해서 돈 벌라고 하더라고요. 오빠와 남동생은 남자니까 대학을 나와야겠지만 나까지 보내기에는 부담이라면서요. 어머니랑 같이 며칠을 울었는지 몰라요. 결국 아버지 말을 따를 수밖에 없었죠. 돈 없어 공부 못한 한을 자식들을 통해서 보상받고 싶었나 봐요. 애들 좋은 대학 보내려고 죽기 살기로 뒷바라지했어요. 다시 그렇게 하라면 못할 것 같아요."

김명애 씨는 오빠와 남동생, 남편 뒷바라지와 자식 교육을 위해 자신의 삶의 대부분을 희생했다고 말했다. 그렇게 열심히 아이들 뒷바라지를 했건만 그녀는 요즘 상실감을 느끼고 있다.

"그렇게 헌신했는데 애들도 결국 제 인생은 자기 것인 양 즐기더군요. 품 안에 자식이란 말, 행복은 자녀 성적순이 아니더라는 말이 딱 맞는 것 같아요. 막내가 대학 들어가고 나서 시간이 날 때마다 곰곰이 생각해봤어요. 꽃다운 16살 소녀 적부터 30여 년 넘게 나 자신보다 가족을 먼저 생각하느라 희생하고 헌신하며 살아온 내 인생에 대해서 말이죠."

남편은 일 때문에 늦게 귀가하고, 애들도 학년이 올라갈수록 대학 생활하랴 취업 스펙 쌓으랴 매일 늦게 들어오니 결국 집에는 자기 혼자만 있게 되더라고 했다.

"저 혼자 있는 시간이 많아졌어요. 끼니도 혼자 라면 끓여 먹거나 미역국에 찬밥 말아 먹는 게 대부분이고, 주말에도 혼자 TV 보는 날이 많아요. 제 신세가 꼭 집 지키는 강아지 같다는 생각이 자꾸 들어요."

김명애 주부는 왜 이 같은 생각을 갖게 됐을까? 가족들을 위해 때로는 희생하고 때로는 헌신하며 살았는데 아무도 그런 마음을 알아주지 않는다. 자신의 헌신과 희생을 인정해 주기는커녕, 자신을 마치 헌신짝처럼 대한다는 생각이 들었기 때문이리라.

이런 감정을 느끼게 되면서부터는 남편이고 자식이고 다 내려놓고 싶은 생각이 하루에도 몇 번씩 들었을 것이다.

남편은 물론 자녀들이 김명애 씨에게 무관심하고 전혀 배려하지 않는 게 문제다. 자신들을 위해서 당연히 밥 차려주고 빨래해주는 사람이라고 생각한다. 어두운 방에서 불빛이 필요할 땐 전기가 되고 목마를 땐 정수기가 돼주는 것처럼 모든 것을 뒷바라지 해주는 사람이라고 생각하는 것이다. 이렇게 자신의 아내와 어머니를 김명애 주부처럼 대하는 남편, 가족들이 제법 많다. 집 잘 지키고 있다가 자기들 들어오면 반갑다며 꼬리를 흔드는 애완견 같은 존재로 여기는 그런 사람들 말이다.

2012년 천호식품은 280명의 주부를 대상으로 가장 해방되고 싶은 대상과 해방되면 하고 싶은 일에 대한 설문 조사를 했다.

조사 결과를 보면 현재의 자신, 시댁, 남편, 자식으로부터 해방되고 싶어 한다는 것을 알 수 있다. 그 이유는 사람마다 조금씩 다르겠지만 공통점은 '남편이나 가족들로부터 진정으로 배려받지 못한다'고 생각하는 것이다. 이 같은 심리 상태가 지속되면 상실감을 불

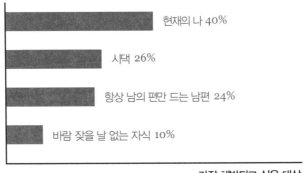

현재의 나 40%

시댁 26%

항상 남의 편만 드는 남편 24%

바람 잦을 날 없는 자식 10%

가장 해방되고 싶은 대상

러오고 더 심해지면 우울증이 생길 수 있다. 우울증을 견디다 못해 불행한 선택을 하는 이들도 있다. 우울증 또한 가정 행복을 가로막는 장애물이다. 이 같은 심리 상태에 대해 김명애 씨는 다음과 같이 말했다.

"우울증에 시달리던 엄마가 아이를 껴안고 아파트에서 뛰어내렸다는 기사를 보면 막 욕하고 그랬거든요. 그런데 이젠 그 심정이 이해가 되더라고요. 한 번은 친구가 제게 그랬던 적이 있어요. '네가 뭐가 부족한 게 있다고 그런 생각을 하느냐'고요. 하지만 그런 생각 때문에 하루에도 몇 번씩 아파트 베란다에서 뛰어내리고 싶은 충동을 느껴보지 못한 사람은 전혀 이해하지 못해요."

김명애 씨처럼 가족들로부터 진정으로 배려받지 못하고 있다고 생각하는 주부들이 많다. 오십대 이후에 갱년기를 겪는 시기와 겹치게

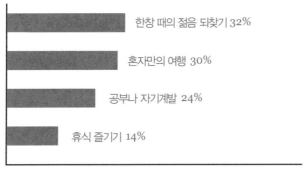

해방되면 가장 하고 싶은 일

되면 더 심해진다. 평소에 전혀 그런 생각을 갖지 않던 주부들 역시 비슷한 심리 상태가 된다. 갱년기가 오면 생리가 사라지는 등의 변화에 따른 심리적 무력감과 상실감, 두통과 요통, 성교통, 불면증, 우울증과 같은 여러 증상들이 나타나기 때문이다. 이런 상태의 주부들은 대부분 다음과 같이 생각한다.

'왜 나는 남편과 아이들만 생각하며 살았을까? 왜 내 인생인데 정작 나는 없는 삶을 살았을까?'

그리고 다음과 같은 3가지 형태의 인생을 살아가기로 작심한다. 첫 번째는 이제부터는 내 인생을 살겠다고 다짐하는 것, 두 번째는 이러지도 저러지도 못한 채 지금까지의 연장선상에서 현실 순응적인 삶을 사는 것, 세 번째는 아주 소수이지만 이혼이나 자살 등 극단적인 선택을 하는 것이다.

당신은 아내가 배가 아프다고 말할 때 뭐라고 답하는가? 아무 생각 없이 "병원에 가 봐!"라거나 "약 사다 먹어!"라고 말하는 편인가? 그래도 "어젯밤에 많이 먹더라."는 답보다는 낫다. 하지만 이 정도 역시 관심을 보인 것일 뿐 진정한 배려는 아니다.

당신이 아내를 진정으로 배려하는 남편이라면 최소한 이렇게 해야 한다. 아내의 명치 부근부터 아랫배까지 눌러 보면서 "여기가 아픈 거야? 언제부터 그런 거야? 계속 그랬던 건 아니지?"라고 물어봐 줘야 한다.

06

비 내리던 날,
아내로부터 온 문자 메시지

"오늘 베란다에서 뛰어내리려다 참았어…"

2014년 여름의 비 내리던 어느 날, A은행 본부장으로 근무하고 있던 56세 남태호 씨의 핸드폰에 아내로부터 온 문자 메시지 내용이다. 남 본부장은 문자를 보고 소스라치게 놀라 바로 은행을 뛰쳐나왔다. 집으로 차를 몰고 가며 머릿속에서 만감이 교차했다. 아무리 생각해도 아내의 태도가 이해되지 않았기 때문이다.

'도대체 뭐가 문제일까?'

남 본부장은 26년 전, 자신보다 3살 아래의 수학 교사였던 아내와 결혼해 아들과 딸 하나를 두고 있다. 아들은 의대, 딸은 약대를 다니고 있다. 주변 사람들이 우스갯소리로 "오빠가 개업하면 동생이 그 건물에서 약국 하면 되겠네."라고 할 정도로 자녀들도 부모 속 썩이지 않고 잘 자라줬다.

남 본부장이 외도를 한 것도, 술·담배를 심하게 하는 것도, 도박은 물론이거니와 골프나 낚시 등 취미생활에 빠져 가정을 등한시하는 것도 아니었다. 평일에는 바쁜 일이 많아서 가족들과 시간을 보내지 못하지만 주말에는 온 가족이 영화나 연극, 스포츠 관람을 하고 외식도 하곤 했다. 그뿐만이 아니었다. 평일에 일이 일찍 끝나면 아내와 집 근처에서 산책을 하고, 맥주나 막걸리를 마시며 이런저런 얘기를 주고받기도 한다. 아내와의 소통에도 전혀 문제가 없다고 생각하고 있었다. 이전과 달라진 것이 있다면 부부 생활의 빈도와 열기가 전보다 못하다는 것뿐이었다.

본부장까지 오르는 동안 열심히 저축하고 투자해서 50평대 아파트에 살고 있었다. 노후 준비도 은행원답게 나름대로 잘 해나가고 있다고 자부하고 있다. 1년 전에는 월세 300만 원씩 들어오는 조그만 건물도 샀고, 자녀들 결혼할 때 아파트 전세 얻어줄 정도의 비용을 모으기 위해 열심히 저축도 하고 있다. 국민 연금 외에 부부 각자 명의로 개인 연금도 매달 붓고 있다.

이렇게 자신은 가장, 남편, 아빠로서의 본분을 충분히 다하고 있고, 또한 아내를 존중하고 배려하며 산다고 자부했었다. 그런데 아내로부터 충격적인 문자 메시지를 받은 것이다.

'남부러울 것 하나도 없을 것 같은데 아내는 왜 그런 걸까?'

'내향적인 성격 탓일까?'

'갱년기라서 그런 걸까?'

'나한테 무슨 불만이라는 있는 걸까?'

'혹시 말 못할 무슨 고민거리라도 생겼나?'

'병원에서 불치병이라도 선고받았나?'

남 본부장은 별의별 생각을 다 하면서 집으로 차를 몰았다.

아내는 아이들 육아 문제 때문에 결혼 8년 만에 교직을 그만뒀다. 성당에 나가고 있지만 성당 사람들과 적극적으로 어울리지는 않는 편이었다. 내향적인 성격 탓이 컸다. 가끔씩 딸아이나 남편과 영화 보는 정도 외에 별다른 취미도 없었다. 문제라면 아내가 가끔씩 가벼운 우울증 증세를 보인다는 것이었다.

'그동안 내가 아내에게 너무 무심했나?'

문득 3주 전 아내와 했던 대화가 떠올랐다.

"성민 아빠, 이번 주말에 아버님 산소에 잠깐 다녀오고 싶어."

"그래? 잠깐이 아니라 며칠이라도 다녀와."

장인어른이 돌아가신 지 딱 3개월 만의 일이었다. 곰곰이 생각해 보니 아무래도 발단은 이 건 같았다. 장인어른의 산소는 전남 영광에 있다. 집에서 승용차로 3~4시간 정도 걸리는 거리다. 너무 바빠서 평일에는 시간 내기가 불가능하고 주말도 일정이 다 잡혀 있었다. 도저히 같이 갈 수가 없어서 그렇게 말했었다. 그러고 보니 아내는 자신과 같이 가고 싶었던 모양이었다. 그런데 자신은 마치 남 얘기하듯 말했다. 이렇게 무관심하게 얘기한 게 우울증 증세가 심해지게 된 도화선이 됐지 않았나 싶었다.

장인어른은 여든다섯 번째 생일을 지내고 난 뒤 두 달 만에 돌아가셨다. 장모님이 5년 전에 먼저 가신 후로는 영광 시골 마을에서 혼자서 지내셨다. 서울에 사는 처남이 여러 차례 모시겠다고 했지만 한사코 고개를 저으셨다. 남 본부장 자신이 모시겠다고 해도 마찬가지였다. 혼자 사는 아버님이 영 마음에 걸렸는지, 큰딸로서의 본분을 다하지 못한다는 생각이 들어서였는지 아내는 아버님에게 안부 전화를 자주 했다. 안부 전화를 하는 빈도가 점점 잦아지더니 1년 전부터는 매일 전화를 했다. 통화 시간도 갈수록 길어져 30분을 넘어 1시간을 넘기는 게 보통이었다. 두 달에 한 번꼴로 자신과 같이 영광에 내려가 밑반찬도 해놓고 빨래도 해놓고 올라오곤 했다.

이런저런 생각을 하는 사이 남 본부장의 차는 어느새 아파트 주차장으로 진입하고 있었다.

"이번 주말 스케줄 조정하고 왔어. 성민 엄마, 이번 주말에 나랑 데이트 좀 해야겠다."

아내는 말없이 무덤덤한 표정으로 빤히 쳐다보고만 있었다.

"이번 주말에 말이야, 장인 장모님 계신 곳에 같이 가자고. 가서 장인어른 좋아하시던 술도 한잔 올리고, 또 두 분께서 생전에 즐겨 부르시던 남행열차도 불러드리고 오자."

아내의 표정이 밝아지나 싶더니 어느새 두 볼을 타고 뜨거운 눈물이 흘러내렸다.

남들이 보면 부러울 것 하나 없어 보이는 남 본부장의 아내는 왜 비 내리는 어느 날, 아파트 베란다에서 뛰어내리려다 참았다는 메시지를 보냈을까? 자신의 아버지를 잃었다는 슬픔 때문이었을까? 맞는 말이다. 그러나 그건 일부에 지나지 않는다. 남 본부장의 아내는 이미 그 이전부터 상실감과 외로움에 빠져 있었다.

남편과 자녀들 뒷바라지하느라 자신의 꿈이었던 교직을 내던졌는데, 자신의 삶을 그렇게 희생했는데, 가족들은 그 맘을 몰라주고 자기들 위주로만 사는 현실에 상실감을 느꼈던 것이다. 자신을 집 지키는 강아지라던 김명애 씨와 비슷한 심리 상태에 놓여 있었던 것이다.

이런 상태에서 아버지를 잃었기 때문에 상실감과 외로움은 증폭될 수밖에 없다. 결국 우울증에 빠져 여러 날을 보내다 남편에게 어렵게 아버님 산소에 다녀오고 싶다고 말했던 것이다. 그런데 남편이 마치 남 얘기하듯 하자 '이 세상에 자신을 진정으로 위해주는 사람은 이젠 아무도 없구나.'라는 생각을 갖게 된 것이다.

남 본부장 부부의 사례는 배려의 의미에 대해 시사하는 바가 크다. 남편이 집에서 설거지나 청소를 해주는 것도 배려가 맞다. 그러나 진정한 배려는 아니다. 소통 역시 마찬가지다. 아내와 진정으로 소통하려면 진심 어린 따뜻한 말 한마디를 해주는 게 필요하다. 아니, 말보다 행동으로 보여주는 게 더 효과적이다. 그러나 대부분의 남편들은 그렇지 못한 편이다. 지극히 현실적이고 사무적으로 말하는 사람들이 대부분이다.

당신은 어떤가? 배우자가 불쑥 던지는 말 한마디의 의미를 무심코 흘려듣지는 않는가? 진심이 담긴 따뜻한 말 한마디를 해주는 남편인가?

남편들은 아내의 말을 액면 그대로 들어서는 안 된다. 많은 여성들은 남성들처럼 직접 화법을 사용하지 않는다. 보톡스 주사를 맞고 싶다고 "여보, 나 아무래도 보톡스 주사라도 맞아야 될 것 같아."라고 말하지 않는다. 대신 "여보, 나 요즘 얼굴이 핼쑥해진 것 같지 않아?"라고 말한다. 이 말에 "아니, 혈색만 좋은데?"라고 답하는 남편은 아내로부터 "아이고, 차라리 내가 벽이랑 대화하고 말지."라는 한탄을 들으며 살아야 한다. 아마도 평생 동안.

진정한 배려와 소통은 아내의 속마음을 읽는 것에서부터 시작되고 행동함으로써 마무리된다. 진정한 배려와 소통의 법칙을 부디 잊지 않기 바란다.

07

섹스리스 부부에게
필요한 것

의학적으로 섹스리스를 정의하면 "평균 2개월간 월 1번 미만의 성관계를 가질 때"라 한다. 월 1번 미만이 아니라 1년에 1~2번 또는 아예 부부간 성관계 없이 사는 부부들도 있다. 여론조사 전문기관인 리얼미터와 한국성과학연구소가 공동으로 조사한 '2014년 한국인 성의식 실태' 조사 결과가 이를 말해준다.

"최근 1개월간 얼마나 성관계를 가졌느냐"는 질문에 응답한 결과를 보면, 섹스리스이거나 이 같은 상황에 가까운 부부가 적지 않았다. 연령·성별 불문하고 주 1~2회가 33.4%로 가장 많았고, 그다음이 월 2회(21.4%)였다. 성관계를 아예 갖지 않는 상태이거나 월 1회 미만인 부부도 35.1%에 달했다. 섹스리스이거나 잠재적 가능성을 가지고 있는 경우까지 합하면 56.5%가 섹스리스 부부에 해당된다고 할 수 있다.

이처럼 법적으론 부부지만 그저 동거인처럼 사는 부부가 제법 많다. 섹스리스 부부는 행복하기 어렵다. 물론 섹스리스 부부들 중에 "우린 대화도 하고 함께 여행도 다닌다."는 이들도 있다. 그러나 섹스리스 문제로 병원을 찾는 대부분의 부부는 "그런데 이상하게 행복한 것 같진 않다."고 털어놓는다고 한다.

이혼할 확률도 높아진다. 가정법원의 한 이혼조정위원에 의하면 "조정을 신청한 부부 10쌍 중 8쌍은 섹스리스 문제를 호소한다." 우리나라 부부들 이혼 사유 1위가 성격 차이라지만 그 뿌리에는 성적_{性的} 차이가 자리 잡고 있는 셈이다.

이 같은 통계를 근거로 가정 행복 전문가들은 부부간 성생활만 원만해도 이혼하는 부부가 절반 이상 줄어들 거라고 말한다. 그렇다면 섹스리스 부부는 왜 있는 걸까? 각양각색의 원인이 있지만 크게 보면 세 가지 정도다.

첫째, 성기능 장애. 성기능 장애란 성행위와 관련하여 나타나는 성반응 주기의 장애 또는 성교 통증을 의미한다. 남성의 경우는 발기부전, 여성의 경우는 질 건조증으로 인한 성행위 시의 통증이 대표적이다. 이 문제는 병원이나 성문제 상담소 같은 곳을 찾아 상담을 받거나 치료를 받으면 해결이 가능하다.

둘째, 심리적 갈등. 배우자의 외도로 인한 상처 때문에 섹스를 거부하는 것이 대표적이다. 성 결벽증, 부부간 성적 취향의 차이, 남편의 경제력 상실로 인한 갈등으로 인해 섹스리스가 된 부부들도 많은 편이다. 성적 취향의 차이로 인한 예를 들어보자. 일주일에 한두 번 정도 부부 관계를 갖던 30대 후반의 K, L 부부는 남편의 독특한 성적 취향 때문에 섹스리스 부부가 됐다. 남편 K씨가 어느 날, 집 근처에 있는 여고의 교복을 사가지고 와서 아내가 그 옷을 입고 섹스하길 바랐던 게 발단이었다. L씨는 너무 어이가 없어 절대 입을 수 없다며 거절했고, 부부는 그 일을 계기로 섹스리스 부부가 됐다.

셋째, 신체적·정신적 피로와 스트레스. 출산이나 직장 생활과 육아, 가사로 인한 피로 등이 직접적인 원인이 되는 경우다. 특히 이 요인은 아내가 남편의 요구를 거절하는 주된 이유 중 하나다. 여성의 몸과 마음은 남성과 달리 심신이 피곤하면 섹스를 하고 싶은 마음이 사라져 버린다. 이런 상태에서는 당연히 남편의 요구를 거절한다. 그러나 대부분의 남편들은 한두 번 거절당해도 아내에게 계속 요구를 한다.

또한 아내는 출산 후 겪는 신체적, 심리적 변화로 남편의 요구를 거절하기도 한다. 그러나 남편은 아내와는 정반대다. 아내의 산후조리가 끝나갈 즈음, 콘돔을 한 박스 사가지고 퇴근하면서 지금껏 못했으니까 콘돔 한 박스를 다 쓸 때까지 열심히 하자며 잔뜩 기대에 부푼다. 이에 반해 아내는 아예 거절하거나 의무적으로 한두 번

응하고 나서 피곤하다거나 하고 싶은 마음이 없다며 거절해 버린다. 아내의 거절이 여러 차례 반복되면 남편은 자존감에 상처를 입는다. 대부분 다음과 같은 생각을 갖거나 대놓고 말하기도 한다.

"꼭 애원해야겠어? 내가 짐승 같다. 수치스러워. 당신 맘 알겠어."

이 정도 상황이 되면 남편도 아내에게 더 이상 요구를 하지 않는다. 이런 상태에서 경제적 문제나 시댁 문제, 성격 차이로 인한 문제 등이 더해지면 갈등의 골은 더욱 깊어져 간다. 심할 경우, 아예 몇 년 동안 섹스가 없는 완벽한 섹스리스 부부로 진화하기도 한다.

섹스리스 부부에게 필요한 처방전은 무얼까? 근본적인 처방전은 남편, 아내로서의 본분과 정신적·육체적으로 건강해야 할 본분을 다해야 한다는 것이다. 섹스리스의 원인은 각자의 본분을 다하지 못하는 것에서 출발한다. 발기 부전 증상이 있는 남편은 운동을 하거나 병원 상담 등을 통해 문제를 해결해야 한다. 아내가 부정적 성 경험에 의한 성 결벽증이 있는 경우도 마찬가지다. 병원이나 부부를 위한 성상담 전문가를 찾아 치료를 받고 극복해야 할 의무가 있다.

섹스리스 부부를 위한 또 다른 처방전은 상대 배우자를 배려해야 한다는 것이다. 아무리 자신의 성적 취향이라도 아내가 싫다고 하면 과한 요구를 해서는 안 된다. 부부간 지켜야 할 배려인 것이다.

한두 번이라면 몰라도 신체적, 정신적 피로와 스트레스를 이유로 남편 또는 아내의 요구를 번번이 거절하는 것 역시 자신의 입장만 생각하는 것이다. 부부관계가 원만하려면 역지사지의 마음으로 상대를 배려해야 한다. 계속 거절하다 보면 부부 사이를 근본적으로 멀어지게 만드는 단초가 되기도 한다. 자칫하면 배우자로부터 '밖에서 다른 남자(또는 여자)를 만나고 있다'는 오해를 받을 수도 있다.

남편의 경제력 상실 역시 마찬가지다. 이런 상황에 처한 대부분의 아내는 '돈도 못 버는 주제에 남편 노릇은 하려고 하네.'라는 심리 상태가 돼 남편의 섹스 요구를 거절한다. 이 자체를 탓할 수는 없다. 더 강하고 더 능력 있는 남성의 유전자를 받아들이고 싶은 것은 여성의 본능이기 때문이다. 그렇다 해도 남편이 요구할 때 응해주는 게 부부 행복을 위해서 좋다. 남편의 자신감을 북돋우는 것은 물론, 책임감을 갖고 더 열심히 노력하겠다는 자양분이 될 수 있기 때문이다.

시간이 지나면 입장이 바뀌는 경우도 많다. 남편(또는 아내)이 요구할 때는 전혀 마음이 없다가, 시간이 지나고 나서 이젠 반대로 자신의 성적 본능이 타오르는 경우다. 이런 상황이 되면 대부분의 사람들은 배우자에게 잠자리를 요구하고 싶지만, 차마 입을 떼지 못한다. 남편(또는 아내)의 잠자리 제안을 거부한 원죄가 있기 때문이다.

부부가 섹스를 가지고 밀당하는 것도 바람직하지 않다. 자신은 싫은데 배우자가 잠자리를 요구할 경우, 냉담한 반응을 보이지 마라. 이것이 단초가 돼 부부간에 갈등이 시작되고 전혀 싸우지 않아도 될 사소한 문제를 갖고서도 부부 싸움을 하게 되기 때문이다.

부부간 섹스를 둘러싼 밀당의 해결책은 역지사지로 배우자를 배려하는 것이다. 그러나 대다수는 자신의 입장에서만 생각한다. 특히 나중을 생각해서라도 다음과 같은 말은 절대로 하지 않는 것이 좋다.

"내가 피곤하다는데 그게 그렇게 하고 싶어?"

"내가 무슨 당신 성 욕구 해결 대상이야?"

"그렇게 하고 싶으면 밖에서 해결하든지 말든지 해."

"더럽게 밖에서 바람피우고서 뭐 하자고?"

서로를 배려하지 못해 이미 섹스리스 부부가 된 경우는 어떻게 하는 것이 좋을까? 속마음을 터놓고 대화하는 것이 필요하다. 집이든 밖이든 술 한잔하며 흉금을 털어놓는 게 좋다. 대화를 하자고 해야 할 사람은 누구여야 할까? 결자해지란 말처럼 섹스리스 부부의 단초를 제공한 사람이어야 한다. 단초를 제공한 사람이 자신의 자존심을 버리고 대화를 시도하면 대부분 관계를 회복할 수 있다.

부부간 섹스는 본능적인 욕구 해소나 자녀 출산을 위한 수단만이 아니다. 부부간 배려와 소통의 중요한 수단일 뿐만 아니라 돈독한 관계를 만들고 마음의 안정과 가정의 행복을 가져다주는 가장 중요한 매개체다. 많은 사람들이 이 점을 간과하고 있다. 부부 금실과 행복한 가정을 위해 배우자에게 솔직할 필요가 있다. 특히 자기 중심으로 생각하고 말하고 행동하는 건 바람직하지 않다. 역지사지의 입장에서 상대를 진정으로 배려하는 것이 중요한 것이다.

08
고부 갈등은
가정 행복의 목메달?

핵가족화, 자식들에게 부담주지 않겠다는 부모의 증가, 시어머니들의 인식 변화 등으로 고부 갈등이 많이 감소했다. 하지만 아직도 가정 행복을 가로막는 중요한 장애물, 즉 목메달 중 하나가 고부 갈등이다. 이 같은 고부 갈등의 원인은 무엇일까? 셀 수 없을 만큼 많은 원인이 있겠지만 다음과 같은 6가지가 주원인이다.

첫째, 가부장적 문화 유산의 잔재. 가부장적 사회에서 여성의 지위는 아내와 주부로 인정받고 존중받는 대신 가사도우미, 자녀 생산자의 인식이 강했다. 아직도 며느리는 애 낳고 집안일 잘하고 내조 잘하면 된다는 인식이 강하게 남아 있는 시어머니들이 존재한다.

둘째, 물려받은 유산. 시어머니에게 당한 설움을 자신은 절대 대물림하지 않겠다고 다짐하지만 자신도 모르게 며느리를 괴롭히는 시어머니들이 존재한다. 군대 내 가혹 행위가 몇십 년째 근절되지 않고 반복되는 이유 중 하나도 이 같은 유산 때문이다. 고부 갈등 역시 유사하다. 물론 가혹 행위를 당한 고참, 시어머니 중에는 자신은 절대 그렇게 되지 않겠다고 다짐하고 실천하는 이들도 많다. 그러나 아직도 며느리 위에 군림하려는 시어머니들이 상당수 존재한다.

셋째, 기득권 다툼. 한 남자를 두고 두 여자가 소유권 싸움을 하는 격이다. 어머니 입장에서는 애지중지 키운 아들은 자신의 소유다. 그런데 며느리가 들어오면서 그 소유권을 송두리째 빼앗겼다는 심리적 박탈감에 빠지는 어머니들이 있다. 이들의 인식 속에는 며느리는 내 아들을 뺏어간 적이란 생각이 잠재돼 있다. 남편과 사별하고 홀로 외아들을 키운 시어머니에게서 그런 증상이 더 심한 편이다. 살림의 주도권을 놓고도 갈등이 발생한다. 살림을 넘기고 뒷방으로 물러나야 한다는 박탈감에 그냥 곱게 줄 수 없다는 심리가 며느리 구박으로 나타나게 되는 것이다.

넷째, 시어머니의 태도. 며느리 마음을 아프게 하는 가장 대표적인 태도가 다른 며느리와 비교하는 것이다. 어떤 시어머니는 혼수 문제를 두고두고 얘기한다. 누구네 며느리는 맞벌이하면서 살림과 육아도 똑소리 나게 한다는 말을 시도 때도 없이 하기도 한다. 걸핏하면 친정 홍보는 언사도 며느리를 거북하게 만드는 갈등 유발 요인이다.

다섯째, 남편의 어정쩡한 태도. 어머니와 아내 사이에서 어중간한 태도를 취하는 남성들이 많다. 어머니 앞에선 어머니 말에 맞장구치고, 아내 앞에선 아내 말이 맞다며 이중적인 태도를 취하기 때문에 고부 갈등이 더 심해지는 경우가 있다. 한 술 더 떠 고부 갈등을 부채질하는 남성들도 있다. 어머니 앞에서 음식 솜씨가 별로라는 둥, 냉장고 청소 한번 안 한다는 둥 아내를 흉보는 남성들 말이다.

어머니는 화성에서 같이 산 사람이고 아내는 금성에서 살다 이주한 사람이다. 화성 여자 입장에서는 금성 여자의 일거수일투족이 맘에 들지 않을 수밖에 없다. 그러므로 아내에게는 지원군이 필요하다. 아내를 편들 사람은 남편밖에 없다는 사실을 명심하기 바란다.

여섯째, 며느리의 처신. 아무리 잘해줘도 시어머니와 시댁은 기피 대상인 이들이 많다. 이런 생각 때문에 전화도 안 하고 시댁은 물론 근처에도 가지 않으려고 한다. 심지어 '시' 자만 보거나 들어도 긴장한다. 이는 잘못된 생각이다. 친구도 자주 연락하고 만나야 더 가까워진다. 아무리 친했더라도 연락을 주고받지 않으면 멀어지는 게 인지상정이다. 부담스럽고 껄끄러운 시어머니와 시댁 역시 마찬가지다. 자주 연락하고 만나는 게 갈등을 줄이고 화목할 수 있는 방책이다.

물론 최근에는 며느리 눈치 보며 사는 시어머니도 부쩍 많아졌다. 그렇지만 여전히 고부 갈등의 많은 원인은 시어머니에게 있다. 그러나 정말 좋은 시어머니를 넘어 며느리로부터 존경받는 이들도 많다. 고부 관계를 가정 행복의 금메달로 만드는 그런 시어머니들 말이다.

09
그 엄마에 그 아들

고부 갈등의 싹을 아예 잘라내기 위한 어느 시어머니와 남편의 진정한 며느리, 아내 배려 이야기를 해 보자.

내 나이 열세 살 때 아빠가 집을 나갔다. 전업주부였던 엄마는 가족 생계를 위해 온갖 일을 다 해야 했다. 경제적으로 많이 어려웠기에 대학은 아르바이트와 학자금 융자를 받아 겨우 마쳤다. 남동생 역시 마찬가지였다. 졸업 후에는 운 좋게 한 중견기업에 취업이 됐고, 입사 3년 만에 결혼을 했다.

결혼을 한 달 앞둔 어느 날, 남편은 단둘이 이야기 좀 하자는 시어머니와 마주 앉았다고 한다.

"명일아, 만약에 말이야. 결혼해서 네 안사람과 내가 갈등이 있을 때 넌 누구 편들래?"

"전 당연히 어머니 편이죠. 걱정 붙들어 매세요."

호기롭게 대답한 남편은 시어머니로부터 고맙다는 말 대신 호된 꾸지람을 들어야 했다.

"물론 나는 그런 상황이 오지 않도록 노력할 것이다. 하지만 사람 일은 모르는 것이다. 그러니 나와 네 안사람이 갈등하는 상황이 오면 내 편들지 말고 무조건 네 안사람 편을 들어라. 섭섭하다며 내 입에서 너한테 어떤 말이 나가더라도 흔들리지 말고."

"네, 어머니. 잘 알겠습니다. 하지만 무조건이란 건 좀 너무한 것 같아요. 요즘엔 고부 갈등이 며느리가 잘못해서 생기는 경우도 많다잖아요. 그런 경우는 좀 그렇지 않아요?"

"일리 있는 말이다. 내가 아무리 노력해도 안사람 될 사람이 상식을 벗어난 언행을 할 수도 있을 테니. 요즘 내 친구들 보면 며느리 눈치 보기도 하더라. 그래도 넌 안사람 편을 들어라. 잘잘못을 떠나 무조건 네 안사람 편을 들어야 한다. 명심해라."

왜 그래야 되는지 이유를 모르겠다는 듯 어리둥절한 표정을 짓고 있는 남편에게 시어머니는 다시 이렇게 말했다.

"네가 내 편들지 않고 안사람 편을 들면 무척 섭섭하겠지, 한편으로는 배신감도 느낄 테고, 나도 사람이니까. 그래도 네 안사람 편을 들어야 한다. 너와 난 피로 맺어진 사이이기 때문이다. 내가 화나면 다신 네 얼굴 안 보고 살겠다고 말할 수도 있겠지. 하지만 결국 시간이 지나면 다 풀어질 것이다."

"부모 자식 간이니 용서하고 화해할 수밖에 없다는 거군요."

"바로 그거야. 하지만 네가 만약 내 편을 든다면 어떨 것 같니? 네 아내와 불화가 생기고 다투는 상황이 오고 최악의 경우는 이혼까지 갈 수도 있다. 부부는 헤어지면 남남인 게야. 난 네가 결혼해서 행복하게 살기 원한다. 그러니 내 부탁을 외면하지 마라."

그뿐만이 아니었다. 시어머니는 결혼해서 모든 집안일과 육아를 아내와 반씩 나눠서 하라고 했다. 아니, 남편더러 더 많이 하라고 했다. 명절날에도 설거지는 나 대신 남편을 시키셨다. 다음과 같이 말하는 시아버지한테 면박을 주기도 하셨다.

"점심 먹고 두 시쯤 윤서 고모 오면 보고 출발하려무나."

"아니, 당신 딸만 친정에 빨리 왔으면 좋겠나 보네? 역지사지란 말도 몰라요? 사부인께서 당신 딸 오기를 얼마나 기다리시겠어요. 윤서 고모는 나중에 보고 지금 당장 출발하거라." 이런 식이었다. 시어머니의 배려에 나는 남편에게 종종 이런 말을 했다.

"명일 씨, 나 정말 어머님이 좋아. 정말 존경스러워. 나도 나중에 그런 시어머니, 아니 어머니가 될 거야."

이제부터 우리 엄마와 시어머니 이야기를 해 보련다.

5년 전 어느 날, 엄마가 갑자기 뇌졸중으로 쓰러졌다. 엄마 건강 걱정이 우선임에도 입원비와 간병 걱정부터 들었다. 직장을 그만두고 간병할 형편이 되지 않았고 남동생 또한 마찬가지였다. 남편은 자기가 어떻게든 해결할 테니 걱정 말라고 다독였다.

일주일간 휴가를 내고 엄마 병실을 지키고 있는데 이틀째 되던 날, 시어머니가 병문안을 왔다. 시어머니를 보자 눈물이 쏟아졌다. 시어머니는 내 어깨를 다독이며 엄마에게 말을 붙였다.

"사부인, 저예요. 저 알아보시겠죠?"

엄마는 대답 대신 눈물을 흘렸다.

"훌훌 털고 일어나세요. 빨리 퇴원하셔서 저랑 지리산 둘레길도 걷고 제주도 올레길도 걸어요. 자, 저랑 약속해요."

두 분은 여자아이들처럼 새끼손가락을 걸고 약속을 했다. 그 모습을 보며 나도 모르게 눈물이 흘러내렸다. 시어머니께서 병실 밖으로 나를 불렀다. 시어머니는 두 손을 꼭 잡으며 꾸러미를 건네주었다.

"지은아, 울지 마라. 이건 보약이고, 이건 네 간편복이다."

감사한 마음보다 순간 의아했다.

'친정 엄마가 쓰러졌는데 웬 보약?'이란 생각이 들었다. 내 마음을 헤아리기라도 한 듯 시어머니는 담담히 말했다.

"네가 무조건 건강해야 한다. 환자보다 간병하는 사람이 더 힘

들어. 그러니 보약 꼭 챙겨 먹어라.”

애써 눈물을 감추는데 시어머니가 이번엔 봉투를 내밀었다.

“학자금 대출받은 것도 아직 못 갚았을 텐데 네가 무슨 돈이 있겠니. 이 돈 받고, 이 일은 죽을 때까지 비밀로 하자. 네 시아버지를 보니까 남자들도 유치한 면이 있더라. 부부 싸움할 때 꼭 돈 얘기를 하더라고….”

시어머니께 기댄 채 펑펑 소리 내어 울었다.

“착한 줄만 알았더니 내 며느리 알고 보니 울보였구나.”

시어머니의 도움으로 병원비와 간병비 부담을 덜 수 있었다. 하지만 엄마는 쉽게 일어서지 못했고, 장기 입원으로 이어졌다.

“내가 빨리 죽어야 아들딸 고생 안 할 텐데….”

“어떤 자식이 엄마가 빨리 죽기를 바라겠어?”

입버릇처럼 자식 걱정을 하는 엄마와 울면서 티격태격하는 날이 잦았다. 엄마는 통 음식을 먹지 않았고 그 탓에 급격하게 건강이 나빠져 갔다.

그렇게 2년 여가 지난 어느 초겨울, 병원에서 엄마가 위독하다는 연락을 받았다. 병원으로 달려가는 중에 가장 먼저 시어머니 생각이 났다. 나도 모르게 울면서 시어머니에게 전화를 걸었다. 그 전화에 시어머니는 남편보다 더 먼저 병원으로 와주었다.

엄마는 의식불명이었다. 나는 엄마에게 속삭였다.

"엄마, 어머니 오셨어. 엄마, 엄마 병원비랑 간병비 모두 어머님이 해주셨어. 엄마 치료 잘 받고 오래오래 사시라고….."

의식불명이던 엄마의 눈꼬리가 파르르 떨렸다. 시어머니는 엄마의 두 손을 꼭 잡았다.

"사부인, 저예요. 병문안 자주 안 와서 많이 섭섭하셨죠? 죄송해요. 이젠 매일매일 올게요. 그러니 훌훌 털고 일어나세요. 자, 우리 또 약속해요."

시어머니의 말이 끝나자마자 친정 엄마는 거짓말처럼 눈물을 흘렸다. 정말 일어나기라도 하려는 듯 몸이 살짝 뒤틀렸다. 우리는 모두 기적이 일어나는 줄 알았다. 그러나 엄마는 2시간을 넘기지 못했다. 숨을 거두시기 전, 시어머니께서 엄마에게 말했다.

"사부인, 편히 가세요. 지은이는 제 딸이고 사돈 총각도 이제 제 아들이에요. 잘 챙겨서 장가보낼 테니 걱정 마세요….."

엄마가 미소를 머금었다. 엄마는 한 손으로는 나와 남동생 손을, 다른 손으로는 시어머니와 새끼손가락을 건 채 눈을 감았다. 남편 잘못 만나 반평생을 불행하게 살아온 엄마는 그렇게 돌아가셨다. 그래도 마지막 가는 순간만큼은 행복하셨나 보다. 참 평안해 보이셨으니. 이게 다 시어머니 덕분이다.

시어머니는 3일 내내 빈소를 지켜주었다. 불쌍한 엄마 생각에 눈물만 흘리고 있는 날 붙잡고 함께 울어주었다. 시어머니는 엄마와의 약속을 정말 잘 지켜주었다. 가족 행사나 명절 때마다 꼭 내 동생을 챙겨주었다.

오늘은 시어머니 49제다. 남편과 동생네 부부와 함께 시어머니를 모신 공원 묘원에 갔다. 시어머니 묘비 앞에서 남편도 나도 많이 울었다. 오늘에서야 시어머니와 나눈 비밀을 남편에게 털어놓았다. 그때 엄마 병원비 어머니께서 해줬다고, 남동생 결혼할 때도 전세라도 얻으라고 또 보태주셨다고.

남편과 부둥켜안고 엉엉 소리 내어 울어 버렸다. 동생네 부부도 따라 울었다. 한참을 울고 난 남편도 내게 말하지 않은 어머니와의 비밀이 있다고 했다.

"어머니와 아버지 앞에서뿐 아니라 형제들 심지어 조카들 앞에서도 절대로 당신 흉보거나 약점을 말하지 않고 잘하는 점, 좋은 점만 말하겠다고 굳게 다짐했어."

"그 엄마에 그 아들이네."라고 말하고 나서 나는 남편 품에 안겨 다시 한번 엉엉 울음을 터트렸다. 시어머니 말씀처럼 난 정말 울보인가 보다.

시어머니와 며느리, 남편과 아내에 대한 진정한 배려와 사랑 이야기다. 반대로 며느리와 아내로서 시어머니와 남편을 배려하는 것도 중요하다. 특히 시어머니를 배려하는 지혜로운 며느리가 되는 것이 필요하다. 어떻게 배려하면 될까? 가장 먼저 해야 할 배려는 멋진 남편으로 키워주셔서 감사하다며 시어머니께 감사의 마음을 표시하는 것이다.

시어머니에 대한 두 번째 배려는 무슨 말을 하든 일단 긍정하는 것이다. "어머님, 요즘은 아이들 그렇게 안 키워요."라든지 "아직 어려서 과자는 안 돼요."라는 식으로 시어머니의 행동이나 말을 부정하려고 해서는 안 된다. 시어머니가 무슨 말을 하든 어떤 행동을 하든 일단 긍정하는 것이 좋다. 그렇다고 시어머니의 말도 안 되는 무리한 요구도 무조건 긍정하고 그대로 하라는 건 절대 아니다. 일단 긍정하며 공감을 표하고 "그렇지만 지금 저희 형편이 이래서…."라는 식으로 설득하는 배려가 필요하다. 말대꾸하지 말고 맞장구를 쳐주는 것, 칭찬을 자주 하는 것도 시어머니를 배려하는 기술이다. 다음과 같은 식으로 하면 효과적이다.

"대단하세요. 어쩜 그리 손대는 음식마다 맛있어요?"

"어머, 성환이 내복 너무 예뻐요. 감사해요, 어머님. 옷 고르시는 안목이 정말 대단하세요. 지난번 ○○ 옷도 참 예쁘다고 성환이 유치원 친구 엄마들이 다들 어디서 샀느냐고 묻더라고요."

이렇게 한다면 역시 "그 시어머니에 그 며느리네."란 소리를 들을 수 있지 않을까?

10
남편을 배려하는
벽 허물기 대화법

아내의 입장에서 보면 남편은 답답한 존재다. 여러 가지 이유가 있지만 그중 가장 큰 이유는 말이 안 통한다는 것이다. 남편과의 대화에 대해 다음과 같은 하소연을 하는 아내들이 많다.

"말이 안 통해요."

"벽 보고 말하는 기분이에요."

"남편은 내가 말할 때 딴생각하나 봐요. 언제 그랬냐, 들은 적 없다고 그러거든요."

"말귀를 못 알아들어 답답해요."

"무슨 말만 하면 화부터 내요."

부부간 말이 안 통하는 데는 여러 가지 이유가 있다. 그중 가장 큰 요인을 꼽으라면 남편은 화성 사람이고, 아내는 금성 사람이라는 것이다. 서로 다른 행성의 언어를 쓰기 때문에 소통 부재로 답답해하거나 이로 인한 다툼이 생기는 것이 어쩌면 당연하다고 할 수 있다. 그렇다면 화성 언어와 금성 언어는 어떻게 다를까? 아내들이 쓰는 최소한의 금성 언어는 이런 식이다.

"설거지하는 동안 애 좀 봐 줘."

이렇게 말하면 대부분의 화성인 남편들은 정말 TV나 신문을 보면서 눈으로만 애를 본다. 물론 극단적인 비유이지만 실제로도 이와 비슷한 남편들이 많다. 이런 남편의 모습을 보면서 아내는 하루에도 몇 번씩 울화통이 치밀 것이다. 하지만 이는 아내의 잘못이 더 크다고 할 수 있다. 남편한테는 '이거 해달라, 저거 해달라'는 식이 아니라 구체적으로 말해야 한다. 화성인인 남편들의 언어는 직접 화법이면서 구체적인 것을 원한다. 그러므로 화성인이 쓰는 언어로 말하는 게 남편을 최대한 배려하는 것이다. 이런 식으로 말하는 게 좋다.

"설거지하는 동안 애 좀 봐줘요. 기저귀도 좀 갈아주고요. 기저귀는 작은방 기저귀 상자에 있어요. 기저귀 갈 때 파우더 바르는 것 잊지 말고요."

그렇다면 왜 남편들의 언어는 여성들의 언어와 다른 걸까? 역사적 유산의 영향 때문이다. 지금은 양상이 많이 바뀌었지만 남자는 되도록이면 말을 많이 하지 않는 것이 미덕이라 여겨지던 시절이 대부분이었다. 이런 환경 탓에 남자들은 구체적이고 상세한 말 대신 되도록

이면 말을 안 하거나 짧게 말하도록 교육받아 왔다. 말을 짧게 해야 하기에 은유나 비유가 깃든 간접 화법보다는 직접 화법을 쓰게 됐다. 화성식 화법으로 발전한 셈이다.

생활 환경도 남자와 여자들의 화법이 달라지게 만든 요인이다. 원시 수렵사회 시절에 남자들은 말을 최대한 하지 않아야 했다. 사냥 나가서 말을 많이 해 주변이 시끄러워지면 사냥감이 눈치채고 달아나 버리기 때문이다. 농경사회가 되고 산업사회가 됐어도 남자들은 사냥 때처럼 꼭 필요한 말들만 주고받는다. 이 같은 생활 패턴이 현대 사회까지 이어져 오면서 남자와 여자들의 화법이 달라진 것이다. 이 같은 남자들의 대화 스타일을 놓고서 답답해하는 건 현명하지 않다. 남편을 배려하는 아내가 되려면 몇천 년 동안 내려온 남자들만의 대화 스타일을 존중하는 것이 필요하다. 남편을 배려하는 벽 허물기 대화법 몇 가지를 소개한다.

첫째, 남편에게 구체적으로 말해줘라. "청소기 좀 돌려주세요."가 아니라 "청소기로 거실, 주방, 안방, 서영이 방 청소 좀 해주고요. 아이들 건강을 생각해서 구석구석 신경 써주세요." 또한 "서영이 옷 좀 갈아입혀줘요."가 아니라 "서영이 옷장 첫 번째 서랍에 티셔츠, 세 번째 서랍에 바지랑 양말이 있으니 바지 좀 갈아입히고 양말도 신겨주세요."와 같은 식으로 말해야 한다. '이렇게 말하면 알아듣겠지?'가 아니라 좀 귀찮더라도 남편에게 최대한 자세하게, 바로 이해할 수 있게 설명해줘야 한다. 남편과 원활한 관계를 유지하기 위해서는 구체적으로 말해주는 배려가 필요한 것이다.

둘째, 돌려서 말하지 말고 직접 화법을 써라. 아내들은 직접적으로 말하면 상처를 받을까 싶어 종종 돌려서 말하곤 한다. 그러고 나서 말귀를 못 알아듣는다며 답답하다고 하소연한다. 남편과 대화할 때는 화성 언어로 대화해야 한다는 사실을 잊어서는 안 된다. 그러니 어렵게 돌려서 말하지 마라. 직접 눈을 마주치고 전달하고자 하는 메시지를 액면 그대로 말하는 것이 오히려 남편을 배려하는 화법이란 사실을 잊지 말기 바란다.

셋째, 남편이 좋아하는 것을 함께 하며 대화를 하라. 남편이 좋아하는 음식을 먹는다든지, 남편이 좋아하는 분위기에서 술을 마신다든지, 남편이 좋아하는 축구 경기를 TV로 같이 본다든지, 취미활동을 같이 하면서 말을 꺼내라. 물론 축구 경기는 남편이 응원하는 팀이 이기고 있을 때 말을 꺼내는 것이 좋다. 남편을 이렇게 배려한 후에 말을 꺼내면 설득이 수월해지는 것은 물론 언쟁이나 싸움으로 이어지는 것도 방지할 수 있다.

넷째, 지난 일을 꺼내지 마라. 부부가 말다툼할 때 남편이 가장 많이 하는 말이 "왜 지난 일을 꺼내느냐."라는 거다. 남자들은 어떤 사안을 놓고 얘기하다 수세에 몰리면 "도대체 그 이야기를 왜 지금 하는 거야?"라면서 짜증을 낸다. 이렇게 감정을 자극하게 되면 남편 설득이 더 어려워진다.

다섯째, 감정 표현에 인색하다고 서운해하지 마라. 아내가 "나 요즘 너무 깜박깜박해. 돌아서면 금방 잊어버리네."라고 말하면 남편은 대부분 "병원 가", "드라마만 보지 말고 책도 좀 읽어. 그 나이에 치매 오면 어떡하려고 그래?"라는 식으로 말한다. 아내가 봤을 땐 지극히 사무적인 말이다. "애들 둘 낳느라 전신 마취를 두 번이나 해서 그렇구나. 지금 생각해봐도 고맙고, 고생했어. 이번 주 토요일에 나랑 병원에 같이 가볼까?"처럼 따뜻한 말들과는 거리가 멀다. 남편의 지극히 사무적인 말투에 서운함을 토로하거나 부부 싸움할 때 두고두고 꺼내는 아내들이 많다. 그러나 남편의 그 같은 반응은 관심이 없거나 애정이 없어서가 아니다. 화성에서 그렇게 보고 배웠기 때문이란 사실을 이해하기 바란다.

마음이든 물질적 도움이든 소통은 먼저 주는 것이다.

특히 호감, 신뢰, 공감하는 마음을 줄 때는 원 없이 퍼주는 것이 효과적이다.
아무리 많이 퍼줬다 해도 무한대로 줄 수 있기 때문이다.

SECRET 04

소통

01
가장으로 산다는 것

화영이 수연 엄마를 만나던 그 시각, 진수는 이번 여행 팀에 혼자 참가한 50대 중반의 남자와 술잔을 기울이고 있었다. 두 사람이 호텔 근처 카페에 자리를 잡자 50대 남성이 먼저 자기소개를 했다. 1958년 개띠 생이고 이름은 박정일이라고 했다. 진수가 자신을 오성전자 대리라고 소개하자, 그는 진수에게 좋은 회사를 다닌다며 자신의 비즈니스 경험을 시작으로 지난날들에 대해 말하기 시작했다.

박 사장은 대학 졸업 후 스물여덟에 한국자동차에 입사해 17년간 직장 생활을 했다. 그때부터 그는 자신의 인생이 탄탄대로가 될 줄 알았고, 실제로 40대 초반까지는 승승장구했다고 했다. 과장과 차장 승진 때는 동기들에 비해 1년, 부장은 발탁 인사로 동기들보다 2년이나 빠르게 됐다고 했다. 정말 열심히 일했고 회사에서도 능력을 인정해주는 것 같아 자부심을 느끼고 있었다고 했다. CEO가 되겠다는 목표를 세웠을 정도로. 하지만 초고속 승진이 오히려 자신의 발목을 잡았다고 했다. 자신의 능력을 인정해주던 CEO가 오너와의 갈등으로 물러났는데 새로 부임한 CEO가 전임자의 인맥을 정리하는 과정에서 그도 정리 대상에 포함됐다는 것이다. 그때의 어려웠던 시절이 다시 생각난다는 듯 박 사장의 목소리가 조금씩 높아지고 있었다.

"직장 그만두기 전에 엄청 고민했어. 큰애가 중학교 3학년, 둘째는 중학교 1학년이었거든. 본격적으로 생활비가 많이 들어갈 때였지. 애들 학원비도 그렇고. 유학은 못 보내더라도 어학연수 정도는 보내줘야 할 텐데 회사를 그만둬야 한다고 생각하니 앞이 깜깜하더라고. 가장 역할을 잘할 수 있을까란 생각에 잠을 못 이룬 날들이 헤아릴 수 없어."

"그러게요, 참 아쉽네요. 박 사장님이라면 임원은 따놓은 당상이고 CEO가 되고도 남으셨을 텐데."

박 사장이 씁쓸하게 웃었다.

"지금 한국자동차 CEO가 나와 입사 동기야."

도전자와의 대결에서 진 수컷이 자신의 무리와 터전을 떠나면서 하늘을 향해 던지는 그런 눈빛처럼 박 사장은 왠지 모르게 공허해 보였다. 회사 다닐 때만 해도 패기와 열정으로 넘쳤을 그의 눈빛을 바라보며 진수도 마음이 울적해졌다.

"어쨌든 김 대리는 오성전자를 선택했으니 임원도 되고 CEO도 되라고. 그렇지 못하면 대부분 사십 대 중후반이나 오십 대 초반이면 다니던 회사를 그만둬야 하거든. 직원을 소모품으로 생각하는 게 현실이잖아."

"직장인으로서 가장의 본분을 다 하려면 정년까지 일할 수 있는 직장을 선택하든지, 임원이나 CEO가 되든지 해야겠군요."

"꼭 그래야 돼. 대한민국에서 가장의 본분을 다 하며 산다는 게 그렇게 쉬운 일이 아니거든."

결국 박 사장은 2000년에 한국자동차를 퇴직한 후 평촌에서 갈비와 등심 등을 파는 한식당을 창업했다고 했다. 특유의 성실함과 맛으로 승부했기 때문인지 창업 후 몇 년은 장사가 잘됐다고 했다. 그러나 장사가 잘된다는 소문이 나서 그런지, 사오정족들의 창업 탓인지, 창업 당시 반경 2킬로미터 이내에 단 두 곳뿐이던 고깃집이 4~5년 지나니 여덟 곳으로 늘었다고 했다.

"단골이 많았을 테니 별 영향 안 받았죠?"

박 사장이 고개를 가로저었다. 쫄딱 망했다면서. 경쟁이 너무 치열하다 보니 어떻게 해 볼 도리가 없더라는 것이다. 1억이 넘게 빚을 지는 바람에 살던 집 팔고 변두리에 있는 단독주택 전세로 이사했다고 한다. 그날 밤에 혼자 막걸리 마시면서 얼마나 울었는지 모른다는 말도 했다. 막걸리 한잔 마실 때마다 잘나가는 동기들, 친구들 얼굴이 차례로 떠올랐단다.

"막걸리 몇 잔 마시고 났더니 문득 죽고 싶은 생각이 들더라고. 내가 그 친구들에 비해 공부를 못했나, 직장 생활을 열심히 안 했나, 인간관계가 나빴나. 하나도 부족한 게 없던 내 인생이 왜 이리도 안 풀리나 하는 생각이 들더라고. 하지만 애들을 생각하니 죽지도 못하겠더라고. 김 대리는 아직 젊으니까 절대로 그런 심정 이해 못할 거야."

"어쨌든 지금 식당은 잘 운영되고 있잖아요. 무슨 특별한 비결이라도 있으신 것 같은데…."

박 사장은 그 당시를 회상하는 듯 눈을 지긋이 감았다가 다시 떴다. 박 사장은 처음 장사가 좀 된다고 자만했던 것에 대해 반성을 많이 했다고 했다. 그래서 이번에는 남들과는 철저하게 차별화했다고 한다. 성공하기 위한 유일한 길이라 생각하고 죽기 살기로.

02
돈 버는 기계

"박 사장님, 그런데 여행은 왜 혼자서 오신 거예요?"

둘 사이에 잠시 침묵이 흘렀다. 박 사장은 무겁게 입을 열었다.

"또 실패하면 우리 가족은 어쩌나 싶어 자다가도 벌떡 일어나곤 했어. 가장으로서 본분을 다해야 한다는 사명감이 날 무겁게 짓누르고 있었던 게지. 그렇게 오직 가족만을 위해 밤낮없이 앞만 보고 노력해서 다시 돈을 벌기 시작했지. 그런데 어느 순간, 가족들 중에 나는 없더라고."

"그게 무슨 말씀이세요? 가족을 위해 열심히 일해서 돈도 많이 벌어다주고 그러셨는데."

"회사 다닐 때도 그랬지만, 특히 식당 할 때는 퇴근 시간이 늦잖아. 일 마치고 밤 12시 전후로 집에 들어가면 아이들이 이미 자고 있거나, 인사만 하고 제 방으로 들어가 버리더라고."

"애들이 크면 어느 집이나 다 그러지 않나요?"

"그렇긴 하지. 하지만 그게 잘못의 시작이었어. 아이들 얼굴도 못 보는 날이나 현관에서만 잠깐 보는 날들이 반복되더니 결국 아이들과의 대화가 사라졌거든. 소통의 끈이 없어지다 보니 나중에는 아빠와 얼굴 맞대는 것조차 피하더라고. 아빠는 그저 저희들을 위해 돈 버는 사람 정도라 생각했던 거지."

"설마 자녀분들이 그렇게 생각했겠어요? 마음은 그렇지 않은데 서로 얼굴 볼 시간이 부족하니까 그런 거겠죠. 하지만 사모님은 잘 대해주셨을 것 같은데."

박 사장은 애들 엄마는 한 술 더 뜨더라고 했다. 남편이 무슨 돈 버는 기계라도 되는 양 무조건 돈만 많이 벌어오라고 하면서. 중간에 한 2년 정도 힘들었지만 그래도 또래 친구들에 비해 돈은 많이 벌어다준 편이라고 했다. 그런데도 불만이 많더라는 말을 듣고서 진수가 투덜거렸다.

"아니, 돈만 많이 벌어다 달라고 그랬다면서 또 무슨 불만이 있다는 거죠? 배 부르면 눕고 싶다는 거야, 뭐야."

투덜거리는 진수를 보며 박 사장이 웃으며 말했다.

"내게 주로 무슨 불만을 했냐면 너무 무뚝뚝하다는 거야. 또 남자가 어깨가 너무 좁다나 어쩐다나. 요리를 잘했으면 좋겠다는 말도 하고."

"이건 뭐, 꼭 그렇다는 건 아니고 말입니다. 혹시 사모님의 첫사랑이 어깨가 넓으면서 요리 잘하는 남자였거나 아니면 그런 남자와 사귀었던 적이 있는 거 아닐까요? 그 남자랑 비교가 되니까 그런 것 아니냐 이 말입니다."

진수의 말에 박 사장은 긍정인지 부정인지 모를 묘한 표정을 지으며 가볍게 웃었다. 그런 박 사장을 보며 진수는 속으로 '아차, 내가 실수했구나.'란 생각을 하면서 다시 말했다.

"아니, 그게 사장님과 결혼하기 전에 말입니다."

03
그 여자가 바람피우는 이유

박 사장은 쓸쓸하게 웃었다.

"김 대리 말이 맞아. 집사람이 바람을 피웠더라고."

"네? 아, 아니 그걸 어떻게 아셨어요? 심부름 센터에 의뢰라도 하셨어요?"

진수가 마치 동병상련의 동지를 만난 것처럼 물었다.

"육감적으로 그런 느낌이 오더라고. 그게 지금부터 6년 전쯤 일인데, 처음엔 잠자리를 거부하더라고. 피곤하다느니, 오늘은 컨디션이 별로라서 하고 싶지 않다는 등 핑계를 대면서 말이야."

진수는 어쩜 그렇게 자신의 경험과 똑같은지, 이게 바람피우는 여자들의 공통적인 심리인지 싶었다. 진수의 속마음을 알 리 없는 박 사장이 계속 말했다.

"처음엔 심증만 있고 물증은 못 잡았는데 집사람 차를 수리하러 갔다가 우연히 증거를 잡았지. 카센터 직원이 블랙박스 점검하라기에 메모리 카드를 넘겨받아 재생해 봤더니…"

"사모님께서 순순히 인정하시던가요?"

"아니, 절대 그런 일 없다고 딱 잡아떼더라고. 그래서 집사람이 외도한 날짜와 지역을 대며 인정하라고 했지. 그래도 펄쩍 뛰며 인정하지 않더라고."

순간 진수의 머릿속에서도 분노가 섬광처럼 번뜩였다. 완강하게 부인하던 화영의 모습이 떠올랐기 때문이었다.

"사모님께선 끝까지 인정하지 않으셨어요?"

"아니, 인정을 받아냈어. 상대와 이야기를 나누는 아내의 음성, 모텔로 들어가는 아내와 상대의 뒷모습이 나오는 블랙박스 영상을 보여줬거든. 그랬더니 할 수 없다는 듯 인정하더라고."

"그다음엔 어떻게 하셨어요? 사모님께서 잘못했다고 그러던가요? 왜 그랬다고 하던가요?"

"누구의 아내, 누구의 엄마가 아닌 여자로 인정받는 삶을 살고 싶었다고 당당하게 말하더라고."

"그것 참 이해하기 힘든 이유군요. 여자로 인정받고 살려면 결혼하지 말고 아예 싱글로 살든지 했어야지."

진수가 오히려 방방 뜨며 말했다.

"처음엔 어이가 없었는데 그 말 듣고 곰곰이 생각해보니 내가 잘 못한 점도 많더라고. 난 아내도 어머니와 같을 거라 생각했거든. 가 족을 위해 열심히 일하시던 아버님이 집에 돌아오면 아랫목 깊숙한 곳에 덮어둔 공깃밥 꺼내 말없이 저녁상을 차려주시던 내 어머님처럼 말이야."

진수는 박 사장이 자신도 잘못이 많다고 자책하는 모습이 전혀 이 해가 되지 않았다.

"혹시 사장님이 먼저 바람피우신 건가요?"

진수의 말에 박 사장이 단호하게 말했다.

"아니야. 회사 다닐 때 동료들이랑 룸살롱이나 단란주점 같은 데 가 보긴 했지만 바람피운 일은 없어."

"그럼 잘못한 게 없으시잖아요. 바람피우지 않고 가정에 충실했지, 돈 잘 벌어다 드렸지."

진수가 또다시 이해가 되지 않는다며 말하자 박 사장이 다시 한번 공허하게 웃었다.

박 사장 부부 사이가 벌어진 것은 소통 단절이 큰 이유였다고 했 다. 박 사장은 거의 매일 아침 일찍 출근해 밤늦게 퇴근했으며 주말 에도 집을 비웠다고 했다. 일도 일이었지만 상사나 동료, 후배, 친구 들과 등산, 골프, 낚시를 다니면서 어울렸다고 한다. 사이비 삼포클 럽 회원이었던 것이다. 육아와 가사는 전부 아내 몫이었다고 했다.

박 사장의 아내는 자신도 주말에는 가족들과, 때로는 친구들과 영화 구경도 하고 등산도 다니고 싶은데 왜 집구석에 틀어박혀 살아야 되느냐며 신경질을 부리곤 했다고 한다. 그래도 박 사장의 행동이 바뀌지 않자 아내가 각방을 쓰자고 했다. 그때부터 결국 부부가 각방을 쓰게 됐다. 박 사장이 회사를 그만두고 식당을 하면서부터는 귀가 시간이 더 늦어지는 바람에 부부간에 일상적인 대화 외에는 소통이 전혀 이루어지지 않았다. 결국 이런 것들이 빌미가 돼 아내가 바람피우게 됐다는 것이다.

박 사장이 한숨을 내쉬었다. 아내의 외도 사실을 알고 괜찮을 남자가 이 세상에 과연 몇이나 되겠느냐는 듯이 말이다.

"외도 사실을 알고 났을 땐 정말 죽여 버리고 싶을 정도로 밉더라고."

박 사장에게 뭐라 위로의 말을 해야 할지 몰라 진수는 고개를 떨구었다.

"그 사실을 안 때가 여름 휴가철이었어. 그래선지 여행용 가방이나 배낭을 메고 다니는 사람들을 볼 때마다 기분이 울적해지더라고. 나는 왜 사나? 언제까지 이렇게 살아야 하나? 지금이라도 이혼할까? 차라리 이혼하는 게 더 행복할까, 애들은 어떡하지? 더 늙으면 어떻게 살아야 하나? 이런저런 생각도 들고."

"그래도 사모님을 용서하실 마음은 없으셨어요? 한순간의 실수일

수도 있잖아요."

박 사장은 고개를 저었다. 아내는 자신의 외도를 인정하고 사과했지만 그 약효가 6개월도 가지 않고 또 바람피우더란 것이었다. 더 용서할 수 없는 사건도 있었다고 했다.

"아주 우연한 기회에 아내의 다이어리를 봤어. 절 같은 데 가서 '우리 사랑을 영원히 지켜주세요!'라고 맹세하는 글도 있더라고. 그 글을 읽고 나니 불덩이 같은 분노가 거꾸로 솟아오르는 것 같더라고."

진수는 어떤 위로의 말을 해야 좋을지 몰라 잠시 동안 침묵을 지키고 있었다. 박 사장은 진수에게 하는 말인지 자신에게 하는 독백인지 모를 정도로 작은 소리로 말을 꺼냈다.

"정신과 의사가 그러더군. 여름 휴가철이 되면 혼자 여행 한번 다녀오라고. 그 뒤부터 여름 휴가철이 되면 큰맘 먹고 나 홀로 여행을 다녔어. 비록 혼자 여행이지만 여행을 떠난다는 자체만으로 기분이 좋아지더라고. 분노하며 고통받던 일상으로부터 벗어났기 때문이겠지. 미지의 세계를 경험하는 것 또한 즐거움이고."

"잘하셨어요, 사장님. 이제부터는 사장님도 인생을 즐기면서 사세요. 여행도 더 자주 다니시고요. 충분히 그럴 자격이 있으시잖아요."

04
그 남자들 사이의
불문율

두 사람은 이후에도 30분이나 더 이야기를 나눴다. 대부분 박 사장이 말하고 진수가 듣는 식이었다. 가장 기억에 남는 말 중 하나는 아내의 외도를 알고 난 후, 당장 이혼하겠다는 생각도 했지만 그냥 애들 아빠와 엄마로 살기로 했다는 것이었다. 박 사장 자신은 아직 돈도 제법 벌고 있고, 이혼도 하지 않았으니 행운이라는 말도 했다. 한국자동차에 입사했던 자신의 동기와 친구들 중에는 직장을 나와 창업했다가 쫄딱 망한 사람들이 많다면서.

사업에 실패해 빚더미에 오른 사람들 대부분은 아내로부터 이혼당했다고 했다. 직장에서 중도 하차하고 사업에 실패했는데 이혼까지 당한 남자는 얼마나 비참하겠느냐는 말도 했다. 반면 돈을 많이 번 친구들은 한때 바람피우고 다녔어도 대부분 이혼하지 않고 사는 편이라고 했다. 그래서 자기 친구들 사이에서는 "바람피운 남자는 용서받을 수 있어도 돈 못 버는 남자는 절대 용서받을 수 없다!"는 말이 불문율처럼 통용되고 있다고 했다.

진수와 박 사장은 호텔 엘리베이터 안에서 인사를 나누고 헤어졌다. 호텔 복도의 어둠 속으로 사라져가는 50대 후반 박 사장의 축 처진 좁은 어깨가 그렇게 쓸쓸해 보일 수가 없었다. 한때 국내 굴지의 대기업 CEO를 꿈꿀 정도로 잘나갔던 남자! 직장에서의 승승장구와 좌절을 맛봤으나 포기하지 않고 가족을 위해 앞만 보고 열심히 달려왔던 남자! 그러나 가족들 사이에 그저 돈 버는 기계 취급을 받고 있다는 남자! 한 여자의 남편으로서가 아닌 그저 애들 아빠로만 살고 있다는 남자! 그렇게 사는 게 익숙해져서 그런지 이젠 오히려 더 편하다는 남자!

부부 생활이 전혀 없는 상태로 애들 엄마, 아빠로만 산다는 게 과연 의미 있을까? 자신의 아내로 살던 여자를 애들 엄마로만 인정하면서 사는 건 어떤 의미일까? 만약 이 남자가 돈을 잘 벌지 못했다면 어땠을까? 필시 이혼당했을 거란 생각이 들었다. 박 사장 부인의 성정으로 봐서 "돈도 못 벌고 가장의 본분도 못하는 주제에…."라며 틀림없이 이혼을 요구했을 거라는 생각이 들었다.

"남자는 일단 돈은 잘 벌고 볼 일이군. 바람피운 남자는 용서받아도 돈 못 버는 남자는 용서받지 못하는 세상이 되었으니까."

진수는 "생활비도 안 주는 무능력자인 주제에!"라며 자신의 자존감을 짓밟으며 몰아붙이던 화영의 모습이 떠올랐다. 진수는 씁쓸하게 중얼거렸다.

"주식 투자 실패하고 2년 정도 생활비 못 줬다고 나를 그렇게 몰아붙이다니. 결국 부부는 돈으로 살아낸다던 회장 부인의 말이 맞나 보군. 그렇다면 박 사장은 왜 그렇게 사는 걸까? 박 사장은 돈은 잘 벌어다줬는데 왜 아내와 자식들에게 돈 버는 기계로만 인정받는 걸까? 왜 가장으로, 남편으로, 아빠로서 존중받지 못하는 걸까? 여러 이유가 있겠지만 소통이 가장 큰 문제였겠군. 박 사장 스스로 아내, 자식과 소통의 문을 닫고 싹도 잘라 버렸잖아. 그러고 보니 부부로 살아내는 데 있어 돈이 전부는 아니군. 열심히 일만 한 가장은 가족들로부터 그다지 환영받지 못하는 세상이 됐으니 말이야. 그나저나 그렇게 똑똑한 사람이 왜 그랬을까? 행복한 가정을 만들려면 남편과 아빠로서의 본분도 중요한데 왜 가장의 본분만 다하면 된다고 생각했을까? 교육이 문제였겠지. 아무도 가르쳐주지 않았을 테니까. 그의 아버지도 그렇게 살았을 테고. 그 세대들은 대부분 그렇게 생각하고 살았으니까."

진수는 어깨가 축 늘어진 채로 방으로 향하던 박 사장의 모습이 자꾸 떠올랐다. 어쩌면 그 모습이 자신의 미래일지도 모른다는 생각이 들었기 때문이리라.

호텔방에 돌아와 보니 화영은 깊은 잠에 빠진 채였고 한 손에는 노트북이 쥐어져 있었다.

'회장이 준 파일을 읽고 있었나 보군.'

진수는 전원을 끌 작정으로 노트북 가까이 다가갔다. 박 사장과 나눈 대화의 여운 때문이었을까? 노트북 전원을 끄는 대신 진수는 '소통' 폴더를 열었다. 맞장구, 대화의 기술 같은 내용이 있을 거란 예상과 달리 '소통은 주는 것이다'라는 생소한 제목이 제일 먼저 눈에 들어왔다.

05
소통은 주는 것이다

소통이란 서로 막힘 없이 통하는 것을 말한다. 사람들은 대부분 소통이란 말을 설득력 있게 하고 잘 듣는 대화의 기술이라고 생각한다. 소통은 말을 잘하고 잘 듣는 것만이 전부가 아니다. 소통에는 '소통 1.0', '소통 2.0', '소통 3.0'의 세 가지 버전이 있다.

소통 1.0은 설득력 있게 말을 잘하고 잘 듣는 것을 말한다.

소통 2.0은 먼저 주는 것을 말한다. 여기서 주는 것이란 호감, 신뢰, 공감, 도움과 문제 해결 등을 말한다. 상대에게 무언가를 먼저 주는 사람은 호감을 갖게 만든다. 심리학자들의 연구에 의하면 대부분의 사람들은 호감을 가진 상대에게 그렇지 않은 사람에 비해 자신의 마음과 지갑을 열 확률이 2배 이상 된다고 한다.

신뢰와 공감을 주게 되면 상대와 소통하는 데 훨씬 수월하다. 도움과 문제 해결 역시 마찬가지다. 상대가 안고 있는 문제를 해결해 주거나 도움을 주면 대부분의 사람들은 고맙다는 생각을 갖는 것은 물론 심리적으로 빚을 진 상태가 된다.

소통 3.0은 잘 어울리는 것을 말한다. 말을 잘하지 못해도 주변인들과 잘 어울리는 사람들은 막힘 없이 통할 수밖에 없다. 잘 어울리다 보면 눈빛만 봐도 상대의 생각을 알 수 있기 때문이다.

행복한 가정이 되기 위해 필요한 것 중 하나가 바로 소통이다. 소통 1.0, 소통 2.0, 소통 3.0 모두가 필요하다. 소통 1.0, 3.0은 뒷부분에서 언급할 예정이다. 이제부터 소통 2.0에 대해 알아보자.

소통 2.0은 가족에게 내가 먼저 주는 것이다. 무엇을 주면 소통이 잘될까? 호감과 신뢰, 공감하는 마음, 도움과 문제 해결책 등을 주면 좋다. 가족 간 소통 2.0의 첫 번째 원천은 가족에게 호감을 주는 것이다. 호감을 얻기 위해서는 잘 웃는 것, 웃게 만드는 것, 언제나 밝은 표정, 칭찬을 잘하는 것 등을 실천하는 것이 필요하다.

가족 간 소통 2.0의 두 번째 원천은 가족에게 신뢰를 주는 것이다. 가족에게 신뢰받지 못하는 원천은 3가지다. 첫째는 약속을 지키지 않는 것이고, 둘째는 거짓말을 하는 것이다. 이런 사람들은 가장 가까운 가족들로부터도 불신을 사게 되어 가족들은 무슨 말을 해도 믿지 않게 된다. 약속을 지키지 않는 것과 거짓말을 하는 것은 불성실하기 때문에 주로 발생한다. 하지만 작은 실수와 잘못 때문에 발생하기도 한다. 꾸중과 질책이 두려워 시작한 작은 거짓말이 나중에는 감당하기 힘든 큰 거짓말이 돼 더 큰 분란을 일으키는 것이다. 누구나 실수는 할 수 있다. 그러나 절대 거짓말을 해서는 안 된다.

셋째는 각자 본분을 다하지 못하는 것이다. 열심히 노력했는데도 불구하고 자신의 본분을 다하지 못하는 경우가 많다. 가족들도 처음 한두 번은 이해하지만 점차 실망감과 함께 신뢰하지 않게 된다. 각자의 본분을 다하기 위해 정말 열심히 노력해야 한다. 물론 노력했는데도 본분을 다하지 못하는 경우도 많다. 이때는 불신 대신 격려와 지원의 손길을 보내야 가족 간 불통을 방지할 수 있다.

가족 간 소통 2.0의 원천 세 번째는 문제를 해결해주거나 도움을 주는 것이다. 이것은 주로 실체가 있는 해결책, 즉 물질적 도움을 말한다. 호감, 신뢰, 공감을 주는 것은 마음을 주는 것이다. 마음을 주는 것도 소통에 중요하지만 경우에 따라서는 물질적 도움, 즉 돈과 물건을 주는 것도 가족 간 소통에 매우 중요한 해결책이 된다.

마음이든 물질적 도움이든 소통은 먼저 주는 것이다. 특히 호감, 신뢰, 공감하는 마음을 줄 때는 원 없이 퍼주는 것이 효과적이다. 아무리 많이 퍼줬다 해도 무한대로 줄 수 있기 때문이다.

소통을 잘하면 만사형통하고 운수가 대통한다는 말이 있다. 소통 1.0, 소통 2.0, 소통 3.0을 가족들에게 먼저 주는 사람이 돼라. 그리하면 소통, 만사형통, 운수대통하는 가정을 만들 수 있을 것이다.

06

소통의 싹을
자르지 마라

    한 가정이 행복해지기 위해서는 소통이 중요하다. 그러나 소통이
안 되는 가정이 제법 많다. 왜 이렇게 불통인 가정이 많은 걸까? 우
선 문화적, 환경적 요인을 들 수 있다. 우리나라 남성들의 예를 보
자. 한때 외국인들은 우리나라 성인 남성과 단둘이 엘리베이터를 타
면 불안해서 안절부절못했다고 한다. 가벼운 미소를 띠며 "하이!" 인
사를 했는데도 못 들은 척, 못 본 척할 뿐만 아니라 화가 잔뜩 난
표정으로 서 있기 때문이란다. 그런 반응을 보이는 이유가 자신 탓
인 것 같아서 자칫 봉변을 당할까 봐 불안해했다는 것이다. 그러다
엘리베이터가 멈추고 나서 다른 사람이 타면, 그제야 안도의 숨을
내쉬고 가슴을 쓸어내렸다고 한다.

    이처럼 우리나라 성인 남성들은 소통을 잘 못한다. 모르는 사람과

군이 아는 체할 필요가 없다는 사고가 몸에 배어 있기 때문이다. "남자는 강해야 해, 남자는 웃음이 헤프면 안 돼, 남자는 입이 무거워야해." 이러한 소통에 장애가 되는 말을 어릴 적부터 듣고 자란 영향또한 크다. 물론 말하는 것이 소통의 전부는 아니다. 하지만 이 같은말들은 소통의 싹을 아예 자르는 문화적 유산이라 할 수 있다.

가족 간 소통의 싹을 자르는 또 다른 문화적 유산도 있다. 가족끼리 식탁에서 밥 먹을 때의 분위기다. 밥 먹으며 가족들과 이야기할라치면 어른들로부터 꾸지람을 들어야 했다.

"밥 먹으면서 말하는 사람은 가난하게 산다. 빨리 밥이나 먹어."

정말 밥 먹을 때 말을 많이 하는 사람은 가난하게 살까? 식사 시간이 보통 두 시간씩이나 된다는 프랑스 사람들은 다 가난하게 사는 걸까? 그렇지 않다는 것은 누구나 다 알고 있는 사실이다. 밥 먹을 때 말을 하면 가난하게 산다는 건 먹을 게 부족하던 시절에 생겨난 가족 간 소통의 싹을 잘라버리는 문화적 유산이다. 할아버지, 할머니부터 삼촌, 고모, 사촌 등 온 가족이 모여 식사를 하던 시기에는먹을 게 풍족하지 못했다. 식사 중 말을 했다가는 음식이 남아 있지않는다. 한 번이라도 젓가락질을 더해서 많이 먹으려면 말을 꺼내서는 안 되는 것이다.

가정에서 소통의 싹을 아예 잘라 버리는 잘못된 유산은 또 있다. 부모들이 자녀와의 소통의 싹을 잘라 버리는 예다. 아이들이 자라면서 무슨 말이나 어떤 행동을 하려고 할 때마다 부모가 "조용히 해. 안 돼, 혼난다." 등으로 답하는 것이다. 엄마와 아빠는 자녀들과의 소통의 싹을 자르는 말들을 무심코 내뱉는다. 그래도 아이들이 말을 듣지 않으면 점점 더 강도가 세지고, 아예 아이들에게 불통의 장막을 치기도 한다.

"저리 가, 지금 엄마 밥 차리고 있잖아."

"저리 가, 아빠 신문 보잖아."

이러한 대화 패턴은 자녀가 커 갈수록 더 단호해진다.

"네가 이제 몇 살이냐. 이젠 네 스스로 해라."

그래도 엄마는 사정이 나은 편이다. 아무래도 자녀들과 함께 집에 있는 시간이 많기 때문이다. 그러나 아빠들의 경우 더 문제가 된다. 평일에는 가족 부양을 위해 아침 일찍 나갔다 밤늦게 들어오니 주말에야 겨우 아이들 얼굴을 볼 수 있기 때문이다. 요즘 자녀들은 아빠가 밖에서 뭘 하고 있는지 사정을 봐주지 않는다. 상황이 이렇다 보니 아빠를 대화 상대가 아닌 그저 자신들을 위해서 돈을 버는 사람 정도로 생각하는 것이다.

가족 간에 소통이 단절된 다음에 뒤늦게 후회해봐야 소용없다. 그렇다면 어떻게 하면 좋을까? 48세 직장인 이정수 씨처럼 하는 것도 방법이다. 이 씨는 자녀와의 소통의 싹을 자르지 않고, 언제나 자녀와 양방향으로 소통하기 위해 노력한다.

이 씨는 아침마다 중학교 3학년인 아들과 같이 집을 나선다. 아들과 버스 정류장까지 6~7분 정도 걸리는 거리를 함께 걷는다. 당연히 자연스럽게 이런저런 얘기를 나눈다. 집에서 늦게 출발한 날은 같이 뛰기도 한다. 아들은 아빠의 그런 행동을 전혀 싫어하지 않는다. 초등학교 1학년 때부터 시작된 습관인데 한 번도 싫다는 내색을 하지 않았다. 자신이 학교 갈 준비를 먼저 끝낸 날에는 아빠가 준비될 때까지 기다려준다.

이 씨의 노하우는 무얼까? 이정수 씨에게는 아들과 소통하기 위한 몇 가지 노하우가 있다. 그중 하나가 매일 아침 아들 머리를 감겨주는 것이다. 맞벌이 부부여서 아들이 어렸을 때부터 길들여진 습관이다. 아들이 초등학교 5학년이 되고 나서는 "이젠 너도 컸으니 머리는 스스로 감아라."라고 했던 적이 있었다. 그러다 일주일도 못 가 다시 아들 머리를 감겨주었다. 아들이 강력히 원해서 그런 것은 결코 아니었다. 머리 감겨주기를 그만두자 아들과의 소통의 싹 하나를 잘라버린 것 같은 느낌을 받아 다시 시작하게 된 것이다. 생각해보라. 아침에 아들의 머리를 감겨주려면 최소한 몇 마디 대화가 필요하다. 아니, 단 한마디 대화를 나누지 않더라도 소통이 이루어진다. 스킨십을 통해 교감을 이루기 때문이다. 물론 아들이 자립심을 갖게 하는 측면에서 보면 나쁜 습관임이 틀림없다. 그러나 소통이라는 관점에서 보면 아주 좋은 방법이라 할 수 있다. 자립심과 소통의 균형을 찾는 것이 중요한 것이다.

이정수 씨의 또 다른 소통법은 일주일에 3일은 아들과 함께 자는 것이다. 아들과 같이 침대에 누워서 이런저런 얘기를 나눈다. 아들이 그날 학교와 학원에서 있었던 일을 이야기하도록 유도한다.

또, 아들이 학원 끝나고 집에 올 시간이 되면 마중을 나간다. 다 큰 아들을 과잉 보호하는 게 아닌가 하는 생각도 들었지만 이내 마음을 고쳐먹었다. 이것 역시 아들과의 소통의 싹이란 생각이 들어서다. 집에 오는 6~7분 동안 이 씨는 "아들, 오늘 수고했다. 배고프지?", "오늘 체육 시간엔 뭐 했니?" 같은 일상적인 대화를 나눈다.

그뿐만이 아니다. 주말에는 아들과 축구, 야구, 농구, 배드민턴 등을 함께 한다. 물론 아들이 친구들과 어울리지 않는 자투리 시간을 활용한다. 매월 한 번씩은 기차를 타고 여행도 떠난다. 전형적인 프렌디라 할 만하지 않은가.

그렇다면 이정수 씨는 아들에게 아무것도 주문하지 않을까? 아니다. 딱 한 가지는 주문한다. 반에서 1~2등을 했으면 좋겠다는 게 아니다. 이 씨의 아들은 의사가 되는 게 꿈이다. 그래서 아들에게 의대에 가는 게 꿈이라면 영어, 수학 두 과목은 100점을 목표로 공부하라고 말한다. 물론 100점을 맞으면 칭찬을 하고 그렇지 못했을 경우는 격려해준다.

"이번 영어 시험에 스물네 문제나 맞았네. 9번 문제만 맞았으면

100점인데 아깝다."

아들에게 자신감과 긍정적인 사고를 심어주기 위해서다.

"서진아, 수고했다. 다음번에 또 도전해보자. 도전하다 보면 언젠가는 100점을 맞을 수 있을 거야."

이정수 씨의 아들은 어떤 반응을 보일까? 부담스럽다고 말할까? 아니다. 두 손을 꼭 쥐면서 다음번에는 더 잘해겠노라고 다짐한다. 이 씨는 아들에게 부담을 주지 않으면서 도전 의지를 북돋운 것이다. 이것이 바로 소통의 효과다.

대기업 임원으로 근무하다 최근 은퇴한 63세 주영민 씨는 아들과 책으로 소통한다. 사실 주 씨는 아들과 소통의 싹을 싹둑 잘라버린 전형적인 유형의 아빠였다. 아들 군입대 전까지 목욕탕 한 번 같이 가지 않던 사이였다. 술 마시고 들어온 날 아들에게 "내일 나랑 목욕탕 한번 갈래?"라고 말해도 아들은 절대 같이 가겠다고 말하지 않았다. 아빠와 함께 목욕탕 다닐 나이 때쯤에는 바쁘다는 핑계로 한 번도 목욕탕에 같이 가주지 않은 데 상처받았기 때문이다. 친구들이 아빠와 목욕탕에 가서 등도 밀고 시원한 음료수도 마셨다는 얘기를 들을 때마다 내심 아들은 아빠에게 서운한 감정이 쌓였던 것이다.

아들은 군대 가기 전에야 마음의 문을 열고 말했다.

"아빠, 지금도 나랑 목욕탕 가는 게 소원이야?"

아들이 주 씨를 향해 마음의 문을 열고 던진 부자 간 첫 번째 소통의 메시지였다. 그날, 부자는 목욕탕에 가서 서로의 등을 밀어주며 20년 넘게 막혀 있던 소통의 혈로를 뚫었다.

아들이 군대 다녀온 뒤로 두 부자의 관계는 다시 소원해졌다. 주 씨는 바쁜 나날을 보냈고 아들 역시 취업 준비하느라, 취업 후에는 아침 일찍 출근하고 저녁 늦게 퇴근해야 했기 때문이다. 그러다 아주 우연한 기회에 주 씨와 아들은 새롭게 소통의 싹을 틔웠다. 그건 시작에 불과했다. 줄기와 잎, 꽃망울을 터뜨리는 단계까지 이르렀다. 무엇이 두 부자를 이렇게 만들었을까. 바로 책이었다. 소통의 싹은 우연하게 찾아왔다.

주 씨는 은퇴 후 독서 삼매경에 빠져 있었다. 주 씨가 주로 읽는 장르는 고전이다. 어느 날, 주 씨가 마키아 벨리의 《군주론》을 읽다 식탁에 두었던 적이 있었다. 퇴근 후 저녁을 먹으려던 아들이 그 책을 보고 주 씨에게 말을 걸었다.

"아빠, 그 책 다 읽으셨어요? 나도 읽었는데."

주 씨와 아들은 그날 저녁 그 책에 대해 30분 넘게 대화를 나눴다. 그 이후로 부자는 《로마인 이야기》, 《레미제라블》, 《일리아드》, 《오디세이》, 《파우스트》, 《초한지》, 《태백산맥》 등 서양 고전에서 한국 소설에 이르기까지 다양한 장르의 책을 중심으로 대화를 나누는 시간이 점점 많아졌다. 아들이 미처 읽지 못한 책은 읽어 보라며 권하기도 했다. 언제부턴가는 주말에 주 씨의 집을 찾던 딸 부부도 동참하게 됐다. 책을 매개로 온 가족이 참여하는 주말 소통의 장이 열린 셈이다.

반면 소통의 싹을 아예 잘라 버리고 사는 부부들도 많다. 맞벌이 부부인 52세 노영민 씨와 48세 주혜란 씨 부부가 대표적이다. 두 사람은 결혼 20년 차 부부지만 그다지 사이가 좋은 편이 아니다. 집에 있을 때는 일상적인 대화만 나누는 사이다. 각방을 쓴 지도 10년이 넘는다. 그러나 이 부부가 신혼 초부터 소통이 되지 않은 건 아니다. 결혼 5년 차까지는 소통이 잘되는 부부였다. 특히 노 씨가 소통에 적극적이었다. 노 씨는 출근할 때마다 아내의 손등과 볼에 가볍게 뽀뽀를 하고서 집을 나섰다. 일을 하다가 오후쯤 되면 아내에게 전화나 문자 메시지로 안부를 묻곤 했다. 지방에 출장을 갈 때나 지방에 계신 부모님 댁에 내려갔을 때도 마찬가지였다. 꼬박꼬박 전화나 문자를 했다. 그러나 아내는 노 씨의 그런 행동을 불편해했다.

"가벼운 스킨십이나 전화나 문자 보내는 거 그만했으면 좋겠어. 꼭 감시당하는 기분이야."

노 씨는 아내를 의심해서 자주 연락을 한 게 아니었다. 하지만 여러 차례 아내로부터 불편하다는 말을 듣자 아내 요구대로 스킨십과 전화, 문자 보내는 행동을 모두 중단했다. 소통의 싹들을 몽땅 잘라 버린 것이다.

그뿐만이 아니었다. 노 씨의 아내는 부부 간 소통의 또 다른 싹도 잘라내 버렸다. 둘째를 낳고 난 이후에 각방을 쓰자고 한 것이다. 아내 주 씨가 각방을 쓰자고 한 데는 나름대로 이유가 있었다. 맞벌이 부부이다 보니 평일에는 장모가 집에 와서 지내며 아이들을 돌봐주었다. 그런데 아이 때문에 장모가 새벽에 잠이 깨면 밤새 잠을 설쳐서 무척 피곤해한다며 결국 주말뿐 아니라 평일에도 노 씨가 둘째를 데리고 자기로 결정했다. 노 씨는 잠이 깨더라도 쉽게 다시 잠드는 체질이라며 아내가 등 떠민 것이었다. 이때부터 부부는 자연스럽게 각방을 쓰기 시작했다. 그러나 둘째가 자라 제 방을 갖게 된 이후에도 부부의 각방 쓰기는 계속되었다. 자연스레 대화와 스킨십은 물론 부부 관계도 소원해졌다. 부부 간 소통의 싹이 모두 잘려나갔기 때문이다.

한 연구에 의하면 남편의 코골이 때문에 각방을 쓰는 부부는 그렇지 않은 부부에 비해 이혼하는 비율이 높다고 한다. 부부간 소통 부족이 그 같은 결과를 낸 것이다. 이처럼 소통은 말로만 하는 게 아니다. 스킨십으로, 책으로도 가능하다. 부부간에는 한 이불 덮고 같이 잔다는 것 자체도 소통이다. 자면서 자연스럽게 신체 접촉이 이루어지기 때문이다.

다시 한번 정리해보자. 가족 간 소통을 위해 가장 중요한 것은 대화 그 자체가 아니다. 스킨십이나 웃음과 같은 비언어적 요소, 책, 함께 하기 등과 같은 소통의 수단 그 자체도 아니다. 그런 것들보다 더 중요한 것이 있다. 바로 자신도 모르게 가족 간 소통의 싹을 잘라 버리는 행동을 조심해야 하는 것이다.

당신은 어떤가? 가족 간 소통의 싹을 자르지 않는 사람인가? 판단하기가 쉽지 않다면 다음의 질문에 답해 보기 바란다.

"당신의 세 살 된 자녀가 뛰어가다 넘어졌다.

당신은 어떻게 할 것인지 선택하라."

1. 독립심을 가질 수 있도록 스스로 일어날 때까지 지켜본다.

2. "저런, 조심해야지."라며 스스로 일어나기를 기다린다.

3. "이런, 아프겠구나."라며 자녀의 두 손을 잡고 일으켜 세운다.

1번을 선택했다면 당신은 자녀와 소통의 싹을 잘라 버리는 유형이다.

2번을 선택했다면 소통의 싹을 잘라 버리지는 않지만 소통을 잘한다고 보기에는 2% 부족하다.

3번을 선택했다면 당신은 이미 자녀와 소통을 잘하거나 잘할 준비가 된 사람이다.

자녀의 독립심을 키워준다는 관점에서 본다면 1번과 2번처럼 행동하는 것이 좋다. 그러나 소통이란 관점에서는 자녀의 두 손을 잡고서 일으켜 세워야 한다. "이런, 아프겠구나. 울지 않는 거 보니 많이 씩씩해졌구나."라는 말을 덧붙이면 금상첨화다. 진정한 소통은 따뜻한 마음으로 하는 것이기 때문이다.

소통의 싹을 틔우려는 노력을 하는 것도 중요하다. 대한민국의 남자들은 특히 더 노력해야 한다. 고무적인 사실은 무뚝뚝하기로 소문난 경상도 사나이들도 소통의 싹을 틔우기 위해 노력하고 있다는 것이다. 과거의 평균적인 경상도 사나이들은 집에 들어가면 딱 세 마디만 했다고 한다.

"밥 묵었다(밥 안 먹었을 경우는 '밥 주라'), 불 꺼라, 자자."

남자는 입이 무거워야 한다는 문화적 유산 탓이다. 그런데 요즘은 소통하기 위해 일곱 마디씩이나 한단다.

"내다, 아는?, 밥 주라, 찌개가 와 이리 맛있노, 불 꺼라, 자자, 좋았나?"

시중에 나도는 우스갯소리다. 중요한 사실은 무뚝뚝하고 말이 없는 것을 미덕으로 여기던 경상도 사나이들도 소통을 위해 이렇게 열심히 노력하고 있다는 것이다.

부부간 소통을 위해 어떤 부부는 매일 5분에서 30분씩 포옹을 하면서 대화를 나눈다고 한다. 이렇게 한다면 기온이 영하 50도 이하로 내려가도 부부간 소통의 싹이 절대 얼어죽지 않을 것이다.

07
공감, 소통의 달인이 되는 6단계

　공감은 남의 주장이나 감정, 생각 따위에 찬성하여 자기도 그렇다고 느끼는 상태를 말한다. 서로 공감하지 않는 가족 간에는 불화가 싹틀 수 있다. 갈등과 다툼으로 번질 가능성도 높다. 그러므로 가족 간 소통을 잘하기 위해서는 공감하는 사이가 되도록 해야 한다.

　공감하는 가족 분위기는 누가, 어떻게 만들어야 할까? 가족 모두가 노력해야 한다. 그중 가장 앞장서야 할 사람은 역시 가장이다.

　45세 김청치 씨는 경제적 능력이 있어 돈을 잘 버는 가장이 아니다. 언변이 좋은 사람도 아니다. 그러나 김 씨 가정은 화목한 편이다. 아내는 돈에 쪼들리면서도 남편에게 불만을 터뜨리거나 무시하지 않는다. 자녀들도 아빠를 존중한다. 그의 노하우는 무엇일까? 그는 가족이 행복해지기 위해서는 서로 공감할 수 있어야 한다고 믿고 있다. 김 씨가 가족 간 공감 능력을 향상시키는 데 필요하다고 생각한 요인은 6가지다. 그가 실천하는 공감 소통의 6단계를 보자.

1단계. 언제나 웃는 얼굴로 가족을 대한다

'우리 가족 모두를 웃게 만들려면 어떻게 해야 할까? 무엇이 필요할까? 개그맨처럼 유머러스한 사람이 돼야 할까?'

김 씨가 내린 결론은 자신부터 웃어야 한다는 것이었다. 그래서 언제나 웃는 얼굴로 가족을 대하기 시작했다. 노력 끝에 김 씨는 가족들에게 스마일 대디라 불린다. 가족을 대할 때 언제나 미소를 띠기 때문이다. 특히 아침 첫 대면에는 반드시 웃는 얼굴로 가족을 대한다. 자신이 먼저 웃어야 가족들 또한 밝게 웃는다는 신념 때문이다.

2단계. 스킨십

두 번째는 스킨십이다. 김 씨는 아들의 머리를 감겨주고 목욕도 같이 다닌다. 아들이 집에서 샤워할 때면 등을 밀어준다. 수시로 팔씨름도 한다. 포옹도 김 씨 가족이 공감 소통을 하는 중요 수단이다. 김 씨는 학교에 가는 아들딸에게 포옹을 해준다. 가볍게 어깨를 두드리며 사랑한다는 말도 빠트리지 않는다. 아내와도 수시로 스킨십을 한다. 마트에서도, 주말 산행에서도 아내의 손을 꼭 잡고 걷는다.

다큐멘터리 영화 〈님아, 그 강을 건너지 마오〉의 주인공인 노부부 역시 마찬가지다. 노부부는 어딜 가든 손을 꼭 맞잡는다. 버스를 탈 때도 손을 꼭 잡기 위해 뒷좌석으로 갈 정도다. 서로의 머리카락을 빗겨주기도 한다. 결혼 후, 76년간 행복하게 살 수 있었던 비밀이 바로 이 같은 스킨십에 있었다고 할 수 있는 셈이다.

3단계. 웃게 만들기

웃게 만들기 위한 노력도 한다. 김 씨는 유머 감각은 없지만 대신 재미있는 이야깃거리를 준비한다. 조금 어설프지만 가족들이 웃는 일이 더 많아졌다. 물론 그 유머가 재밌어서 웃는 것보다 그렇게라도 웃기려는 김 씨를 흉내 내면서 웃는 경우가 더 많다. 김 씨는 그래도 가족들을 웃게 만들기 위해 포기하지 않고 노력한다. 특단의 아이디어도 시행했다. '스마일 라인'이라는 거다.

스마일 라인은 식탁 앞, 현관 입구에 붙인 파란색 테이프를 말한다. 가족들은 스마일 라인을 지날 때 무조건 웃어야 한다. 웃지 않으면 벌칙이 주어진다. 설거지, 청소, 재활용·음식물 쓰레기 버리기 등 집안일이다. 스마일 라인 덕에 김 씨 가족은 아침에도 몇 번이나 웃게 된다. 매일 아침 최소 세 번은 스마일 라인을 지나기 때문이다.

김 씨네 가족은 이렇게 밝은 마음으로 아침을 시작한다. 집에 들어올 때도 마찬가지다. 언짢고 안 풀리는 일이 있어도 집에 들어오면 자연스럽게 풀어진다. 현관문을 지나면서, 저녁 먹기 위해 식탁에 가면서 무조건 웃어야 하기 때문이다.

해프닝도 일어난다. 아내와 심각하게 다투다가 부부 싸움이 그만 흐지부지되는 경우다. 부부 싸움을 하다 아내가 스마일 라인을 넘었는데 억지 춘향식으로 웃은 적이 있었다. 한 번 웃고 난 아내는 마음이 풀어졌는지 목소리가 한 옥타브가량 낮아지고 부드러워졌다. 한 사람이 목소리를 낮추니 금방 휴전이 됐던 것이다.

딸아이가 몸이 아픈데도 웃어야 하느냐며 항의한 적도 있었다. 물론 결론은 무조건 웃어야 한다는 것이었다. 단 하나의 예외 조항만 인정하기로 했다. 할아버지, 할머니가 돌아가셨을 경우만 예외로 하기로 한 것이다.

4단계. 칭찬

김 씨는 회사에서 칭찬의 달인으로 불린다. 가족을 대할 때마다 칭찬 멘트를 날리던 습관이 직장에서도 그대로 이어졌기 때문이다.

처음부터 김 씨가 칭찬을 잘한 것은 아니다. 원래는 칭찬에 무척 인색한 사람이었다. 김 씨는 공감 소통의 달인이 되기 위한 방법으로 먼저 웃고, 웃게 만들며, 스킨십을 하는 것만으론 부족하다고 느꼈다. 그는 필요한 게 뭐가 더 있을지 고민하다가 결국 칭찬을 잘하는 사람이 되자고 마음먹었다.

문제는 칭찬이 잘 안 되더란 것이었다. 그는 무조건 하루에 세 번씩 아내와 아이들을 칭찬하겠다는 목표를 세웠다. 그다음부터는 칭찬이 잘 됐을까? 아니다. 칭찬할 거리가 금방 바닥났다.

아내에 대한 칭찬 거리는 널려 있어 어려움이 적었다. 식사하면서 무조건 음식에 대해 "맛있다, 기가 막히다, 꿀맛이다, 식당 차리면 대박 나겠다."는 식으로 칭찬 멘트를 날렸다. 매일 메뉴들이 달라지므로 비슷한 멘트를 매일 날려도 효과가 있었다. 그런데 자녀들이 문제였다. 해법은 칭찬 리스트를 만드는 것이었다. 칭찬 리스트를 작성해서 활용하면서부터 칭찬이 잘 되기 시작했다.

이제는 제법 칭찬의 노하우도 있다. 김 씨의 칭찬 노하우 몇 가지를 소개하면 다음과 같다. 김 씨는 가족을 칭찬할 때 재능이나 안목을 칭찬한다. 아내는 옷이나 넥타이 등을 고를 때 탁월한 감각이 있다. 아내 덕분에 회사 직원들이나 고객들로부터 넥타이가 잘 어울린다는 칭찬을 자주 들을 수 있었다. 칭찬을 받고 집에 돌아온 날은 아내에게 "오늘 중요한 고객을 만났는데 넥타이가 잘 어울린다고 하더라고. 당신의 넥타이 고르는 안목은 정말 최고야, 고마워. 넥타이 만드는 회사를 창업했어도 틀림없이 크게 성공했을 거야."라고 아내의 재능과 안목을 칭찬한다.

자녀 칭찬은 결과보다는 과정에 중점을 둔다.

"우리 아들 시험 공부 열심히 하더구나."

"우리 딸 줄넘기 열심히 하더니 엄청 날씬해졌네."

도전하는 의지에 대한 칭찬도 김 씨의 칭찬 단골 레퍼토리다.

"이야, 우리 딸이 5킬로그램 감량에 도전하다니, 대단하다."

그뿐만이 아니다. 칭찬할 거리를 발견하면 즉시 칭찬 멘트를 날린다. 그러다 보니 칭찬 멘트를 열 번이나 날리는 날도 있다. 또 단둘이 있을 때보다는 반드시 다른 가족들이 있을 때 칭찬을 한다. 특히 아내를 칭찬할 때는 아들과 딸이 있을 때 한다. 아들과 딸을 칭찬할 때도 마찬가지다. 물론 효과는 200점이다.

칭찬을 작은 보상과 연계시키는 것도 김 씨의 칭찬 노하우다. 용돈을 조금 더 준다든지, 아들이 좋아하는 게임을 한 시간 정도 하게 해준다든지, 딸이 좋아하는 예쁜 펜을 선물하는 식이다. 칭찬은 고래도 춤추게 한다는 말처럼 칭찬은 김 씨네 가족들이 서로 공감하고 소통하는 데 있어 엄청난 윤활 작용을 하고 있다.

5단계. 상대방 먼저 말하게 만들기

공감 방법 중 하나는 상대가 먼저 말하게 만드는 것이다. 말을 많이 하게 만들수록 효과가 있다. 어떻게 하면 가족들이 말을 많이 하도록 만들 수 있을까? 김 씨가 주로 사용하는 방법은 가족의 관심사를 슬쩍 꺼내는 것이다.

야구를 좋아하는 딸에게는 식탁에서 전날 프로야구 이야기를 꺼낸다. 딸이 좋아하는 팀이 이겼을 때는 그 팀의 승리와 관련된 이야기를, 졌을 때는 딸이 좋아하는 선수 이야기로 운을 떼는 식이다. 그러면 딸은 신이 나서 또는 응원하는 팀이 진 것에 화가 나서 말을 하기 시작한다. 투수 교체 타이밍부터 시작해서 선수 개개인의 활약상, 감독의 용병술 등에 이르기까지 줄줄이.

아들은 축구 게임에 빠져 있다. 당연히 게임 팀과 선수 이야기를 하면 술술 이야기가 터진다. 김 씨는 "그래, 맞아. 정말 멋진데? 역대급 베스트 일레븐 첫 번째는 펠레지."라는 식으로 맞장구를 친다.

아내가 먼저 말하게 하는 법도 비슷하다. 아내의 최근 관심사로 물꼬를 튼다. 아내가 즐겨 보는 드라마, 최근 본 영화나 이번 주말에 보기로 예매한 영화 이야기를 슬쩍 꺼내는 식이다. 아내가 더 신이 나서 얘기할 수 있도록 관련 드라마나 영화에 대한 정보는 사전에 인터넷을 통해 얻는다. 맞장구를 치기 위해서다.

먼저 말하게 만드는 유용한 방법 중 하나가 질문을 하는 것이다. 김 씨도 가족들과 공감대를 형성하기 위해 이 방법을 가끔씩 사용하곤 한다. 김 씨의 노하우는 상대방의 관심사에 대해 질문하는 것이다. 그러면 대부분 신이 나서 봇물 터지듯 말을 한다.

6단계. 인 · 긍 · 찬 하기

김 씨는 참을성이 강하다. 아내와 자식들이 듣기 싫은 말을 해도 화부터 내지 않는다. 무리한 요구나 부탁을 해도 그 자리에서 거절하지 않는다. 가족들이 무슨 말을 해도 반대부터 하지 않는다. 김 씨의 성격이 원래부터 그랬을까? 그렇지 않다. 원래는 상대방의 말이 맘에 들지 않으면 반론부터 했다. 상대의 말이 틀렸거나 옳지 않다는 생각이 들면 가차 없이 반대하고 부정하는 성격이었다.

그런 성격 탓에 가정에서도 직장에서도 부정적인 사람이란 평가를 듣곤 했다. 김 씨가 변하게 된 계기는 소통 관련 교육을 받고 나서부터다. 교육을 받은 뒤 소통과 설득에 관한 책을 10권도 넘게 읽었다. 그리고 자신만의 공감법으로 '인·긍·찬 하기'를 선택했다.

'인'은 상대의 말을 일단 인정하는 것이다. 아내가 귀에 거슬리는 말을 해도, 잔소리를 심하게 해도, 자녀들이 소위 '싸가지' 없는 말을 해도 일단 인정한다. "그렇구나. 일리가 있네." 물론 마지막까지 인정하는 건 아니다. 물에 물 탄 듯, 술에 술 탄 듯 자기 주관이 없는 사람은 절대 아니다. 아내나 자녀의 말이 이치에 맞지 않다고 생각되면 반론을 제기한다. "일리는 있지만 다른 관점은 어떨까?" 상대의 반감을 누그러뜨리고 설득에 나선다. 만일 이치에 맞는 이야기라면 보다 적극적으로 인정한다. "나도 그런 느낌을 받았어. 나라도 그렇게 느꼈을 거야. 그 말 듣고 깨달았어. 정말 공감해." 같은 식으로.

이를 두고 아내는 김 씨를 '절대 긍정'의 사나이라고 부르기 시작했다. 행복도 전염된다는 연구가 있다. 중요한 건 이 같은 절대 긍정의 바이러스도 아내와 자녀들에게까지 전염된다는 것이다.

08

왜 아내가 하면 잔소리
그녀가 하면 피드백이 될까

"TV만 보지 말고 책 좀 읽어라."

"게임 좀 그만하고 공부해라."

"제발 술 좀 그만 마셔요."

"담배 좀 끊어요."

가정에서 쉽게 들을 수 있는 대표적인 잔소리다. 어떤 사람들은 "그 말이 왜 잔소리냐, 피드백이지."라고 말한다. 맞는 말이다. 듣는 사람 입장에서는 잔소리로 들리겠지만 하는 사람 입장에서는 분명 피드백이다. 자녀를 잘 되게 이끌어주고 남편의 건강을 걱정해서 말하는 애정 어린 충고이기 때문이다.

중요한 건 "게임 좀 그만하고 공부해라."는 똑같은 말인데도 엄마가 하면 잔소리로 들리고 누나가 하면 피드백이 된다는 것이다. 또한 "술 좀 그만 마시고, 이젠 담배도 좀 끊으세요."란 말도 마찬가지다. 아내가 하면 잔소리, 오피스 와이프가 하면 피드백으로 들린다는 것이다. (오피스 와이프란, 직장에서 많은 시간을 보내는 남성들이 같은 업무를 하면서 집에 있는 아내보다도 더 자신을 잘 이해해주고 친근감도 느끼는 여성 동료를 말한다.)

왜 그런 것일까? 우선 잔소리와 피드백의 정의부터 명확하게 알아보자. 잔소리란 두 가지 뜻이 있다. 하나는 듣기 싫게 필요 이상으로 참견하거나 꾸중하는 말, 다른 하나는 쓸데없이 자질구레하게 늘어놓는 말을 뜻한다. 피드백은 여러 가지 뜻이 있다. 여기서는 두 가지를 뜻한다. 하나는 진행된 행동이나 반응의 결과를 본인에게 알려주는 말이다. 다른 하나는 어떤 행위의 결과가 최초의 목적에 부합되는 것인가를 확인하고 그 정보를 행위의 원천이 되는 것에 되돌려보내 바람직한 상태가 되도록 수정을 가하기 위한 말이나 충고를 뜻한다.

이런 관점에서 보면 위와 같은 말들은 엄마, 아내 입장에서는 분명 잔소리가 아니다. 진심 어린 걱정과 충고다. 문제는 자녀와 남편 입장에서는 잔소리로 들린다는 것이다. 왜 똑같은 말인데도 이 같은 상반된 결과가 나오는 것일까? 상대의 공감을 얻지 못한 상태에서 그 말만을 반복하기 때문이다. 아무리 좋은 말이라도 여러 차례 반복해서 듣게 되면 잔소리로 들리는 게 인지상정이다. 서너 번 반복했는데도 상대가 반응을 보이지 않으면 목소리 톤이 높아지고 신경질적으로 소리를 지르게 되는 게 일반적이다. 그 결과 자녀로부터 "왜 신경질이야!", "왜 소리를 질러?" 같은 반발을 불러일으킬 수 있다. 심할 경우 말다툼, 폭언, 폭력으로 이어지기도 한다.

이러한 문제를 해결하기 위한 좋은 방법은 무얼까? 공감 소통 능력을 키워야 한다. 이 사실을 알고 난 45세 정숙현 씨는 자신의 피드백이 자녀와 남편에게 잔소리로 들리지 않기 위해 노력하고 있다. 방법은 간단하다. 반드시 공감대를 형성한 후 말하는 것이다. 자녀들이 TV 보는 걸 무조건 꾸짖지 않는다. 대신 TV를 보면서 "재미있네.", "저 가수 정말 가창력이 뛰어나구나" 같은 식으로 공감대를 형성한다. 자녀가 말을 많이 하도록 만드는 것이다. 그런 다음에 목소리에 따뜻한 애정을 담아 부드럽게 책 읽기와 공부를 하라고 말한다.

정숙현 씨는 자신의 진심 어린 걱정과 충고에 반발하는 자녀에게 "너, 그만하랬지." 같은 신경질적인 말은 절대 내뱉지 않는다. 또한 자녀들에게 모범을 보이려는 노력도 한다. 백 번의 충고나 강요보다는 솔선하여 보여주는 것이 더 효과적이기 때문이다. 정 씨는 자녀들에게 책 많이 읽으라고 말하는 횟수 대신 자신이 책을 읽는 모습을 더 많이 보여주려고 노력한다.

남편에게 말하는 것 역시 마찬가지다. 똑같은 말이라도 10년, 20

년을 함께 살면서 감정이 무뎌진 아내가 하면 잔소리로 들릴 수밖에 없다. 이 같은 사실을 잘 알고 있는 정 씨는 남편과도 공감대를 형성하기 위해 노력한다. 남편이 좋아하는 축구 이야기를 먼저 꺼내는 식이다.

"요즘엔 주말에도 K리그 경기는 중계를 잘 안 하네? 보고 싶어서 어떻게 참아?" 국가대표 팀의 경기가 있는 날에는 치킨을 시켜놓고 맥주를 마시며 슬쩍 한마디 한다.

"저 선수는 뛰는 모습이 예전만 못하네. 술을 좋아한다던데 그래서 그런 거야?"

이런 질문을 슬쩍 던지면 남편이 웃는다. 자기더러 술 적당히 마시라는 말이라는 걸 알기 때문이다. 그런 남편을 향해 술 좀 적당히 마시라고 권하면 남편도 알았다며 고개를 끄덕인다.

자녀나 배우자를 위하는 말이라 해도 불쑥불쑥 던지지 마라. 상대와 충분하게 교감이 이루어진 상태에서 조언이나 피드백을 해라. 그리하면 당신이 하는 말은 더 이상 잔소리가 아니다. 언제나 피드백이 될 것이다.

09
행복을 더하는
부부 공감 대화의 5가지 원칙

대화를 잘하면 부부 사이가 친밀해질 수 있다. 반대로 감정적으로 자기 주장만 강요하는 잘못된 대화는 서로에게 깊은 상처를 안겨줄 가능성이 높다.

피즈 교수의 연구에 의하면, 여성과 남성은 하루에 사용하는 단어 수에 차이가 있다. 여성은 보통 하루에 6,000~8,000개의 단어를 사용한다. 몸짓언어까지 합하면 약 2만 개의 언어를 사용한다. 그러나 남성은 하루 4,000개 정도의 단어를 사용한다. 몸짓언어를 포함해도 7,000개 정도의 언어를 사용한다. 아내들이 남편에게 더 많은 이야기를 하고 싶어 한다는 것을 증명해주는 통계라 할 수 있다. 이렇듯 아내들은 소통을 통해 자신의 존재감을 확인하고 싶어 한다.

그러나 남편들은 다르다. 아내가 꼭 알아야 할 일 외에는 대체로 마음속에 담아두는 편이다. 자신의 감정을 세세하게 표현하면 약하다는 느낌을 줄 수 있다고 생각하기 때문이다. 반면, 여자는 좋은 문제뿐만 아니라 힘들고 고통스러운 것도 함께 하기를 원한다. 특히 여자는 자신이 인정받고 존중받고 있다고 느낄 때 에너지가 생기고 만족감을 느낀다.

남편들이여, 사랑하는 아내의 이야기를 적극적으로 들어주고 공감해주자. "그렇구나.", "힘들었겠네.", "그렇게 하자.", "당신도 그럴 수 있어."라고 공감해주는 것만으로 삶에 활력소를 불어넣어 행복한 부부 생활을 이어갈 수 있다. 더 짧게 "어, 정말?", "헐, 대박!"이란 말만 잘해도 아내의 공감을 이끌어낼 수 있다.

문제는 아내와의 대화 시 이런 단문장만을 사용할 수 없다는 것이다. 그러므로 부부간 공감 능력을 키우는 대화 방법을 익혀야 한다. 그러나 어디에서도 가르쳐주지 않는다. 이제부터 행복을 더하는 부부간 공감 대화의 원칙에 대해 알아보자.

사실 중심으로 말하라

문제에 대해 사실 중심으로 대화를 하라. 자신이 느끼는 불편한 감정은 그때그때 대화를 통해 해결하는 것이 필요하다. 대화하지 않고 마음속에 쌓아두면 갈등의 골이 깊어지고 불신을 키울 수 있기 때문이다.

감정 섞인 비난이나 원망이 아닌 사실을 중심으로 전달하라. 말의 수위를 조절할 필요도 있다. 또한 적당한 선에서 대화를 마무리하여 여운을 남기는 것, 때에 따라서는 적당히 져주는 지혜도 필요하다.

과거가 아닌 현재의 사실을 중심으로 말하는 것도 필요하다. 과거 문제를 꺼내면 배우자의 감정만 더 상하게 할 수 있다. "흥, 자기는 어쨌으면서."라는 식으로 또 다른 고리와 계속해서 연결될 가능성이 높아지기 때문이다.

자기 감정을 있는 그대로 솔직하게 표현하는 것도 중요하다. 자기가 화났다는 사실을 의도적으로 숨기지 말라는 뜻이다. 다만 상대방의 자존감을 짓밟아서는 안 된다. 모욕감을 느끼지 않도록 자기 감정을 잘 통제해야 한다.

공감적으로 경청하라

부부가 대화하는 이유는 무얼까? 자신의 생각을 끝까지 관철시키기 위한 것일까? 그런 사람도 물론 있다. 그러나 대부분 부부로 살아가면서 만나게 되는 다양한 문제에 대해 자신의 관점을 이야기하고 인정받기 위함이다.

부부 상담을 하다 보면 공통적인 현상이 있다. 서로 자기 주장이 강하고, 듣는 훈련이 되어 있지 않다는 것이다. 이런 부부들에게는 특히 갈등이 많다. 부부 갈등의 대부분은 본분 다하기에서부터 시작

된다. 그러나 그 갈등을 더 커지게 만드는 중요한 원인은 원활하지 못한 소통 방식에 있다. 그렇다면 부부간 원활한 소통법은 무얼까? 말하는 것보다 듣는 것, 즉 경청이 더 중요하다.

경청이란 남의 말을 귀 기울여 주의 깊게 듣는 것을 말한다. 상대를 설득하고 좋은 관계를 맺는 데 있어 매우 중요한 요소다. 부부간에도 경청이 매우 중요하다. 그러므로 나와 생각이 다르다고, 피곤하다고, 말이 안 통한다고, 말귀를 못 알아들어 답답하다고 해선 안 된다. 배우자를 공격하거나 배우자가 하는 말에 귀를 닫아 버리는 것도 안 된다. 인내심을 갖고 배우자의 말을 경청해야 한다. 듣기만 해서는 효과가 적다. 듣는 능력에도 차이가 있기 때문이다. 최고는 공감적 경청이다. 공감적 경청이란 듣기만 하는 것이 아니다. 배우자가 하는 말의 속뜻을 이해하고 고개를 끄덕이거나 맞장구를 쳐주며, 말하는 핵심 내용을 짧게 반복해주는 방식으로 듣는 것을 말한다.

예를 보자. "그렇구나.", "그렇게 하지", "당신은 충분히 그럴 능력이 있어", "당신 심정 이해해."라는 식으로 맞장구를 치면 효과적이다. 1 : 2 : 3 대화의 법칙을 실천하는 것도 필요하다. 1분 동안 말하고, 2분 동안 듣고, 그 2분 동안 3번 맞장구치라는 법칙이다. 숫자에 얽매일 필요는 없다. 맞장구치는 횟수가 많을수록 좋기 때문이다.

공감적 경청의 방법으로 몸짓언어를 사용하는 것도 필요하다. 몸짓언어 중 대표적인 게 제스처다. 제스처는 손이나 얼굴, 몸을 이용

해서 전달하는 비언어적 의사소통을 말한다. 제스처는 배우자의 눈을 부드럽고 사랑스런 눈길로 바라보면서 할 때 더 효과적이다. 고개를 끄덕일 때도 제스처를 취하는 것이 좋다. 배우자가 마음속에 있는 말을 자연스럽게 말하도록 만들 수 있기 때문이다.

포용하고 위로하라

사랑하지만 자신도 모르게 상처를 주고받는 것이 부부간의 두 얼굴이다. 한쪽이 고민을 말해도 다른 한쪽이 관심이 없거나 무시해 버리면 문제가 해결되지 않고 공격과 방어가 지속될 뿐이다. 특히 배우자가 감정적으로 나올 때는 논리적인 설득이 전혀 도움되지 않는다. 나와 관점이 다르다 해도 우선 공감하고 포용하는 게 필요하다. 부부 문제의 대부분은 옳고 그름의 문제가 중요한 것이 아니기 때문이다. 보는 관점이나 입장에 따라 다를 수 있음을 인지할 필요가 있다.

역지사지의 마음도 부부간에 상처를 주지 않고 지혜롭게 사는 방법이다. "당신 잘못 없어.", "나라도 그랬을 거야.", "세상 모든 사람이 아니래도 난 당신 편이야." 등 배우자를 포용하고 위로해라. 공감과 위로의 대화로 부부 문제의 많은 부분을 해결할 수 있다.

부부간 대화는 타이밍의 예술이다

말투에 존중하는 마음을 담고, 상대방의 말을 인정하고 맞장구치면서 칭찬하는 내용의 대화가 이루어지면 부부 문제의 대부분은 해결될 수 있다. 그럼에도 불구하고 부부간 갈등과 다툼은 줄어들지 않는다.

부부 싸움은 사소한 말 때문에 시작되는 경우가 많다. 대화를 풀어가는 능력이 부족한 탓이 크다. 대화를 통해 서로의 관점을 이해하고 차이를 좁혀가는 기회로 만들어야 한다. 그런데 오히려 갈등의 골을 깊게 만드는 부부들도 많다.

말을 잘하는 능력이 부족해 배우자에게 자신의 관점을 잘못 전달하는 것도 한 요인이다. 그러나 말하는 타이밍을 잘못 잡아 그런 경우가 더 많은 편이다. 화난다고 다짜고짜 따지고 들면 오히려 갈등만 더 깊어질 수 있다. 배우자의 감정 상태와 들어줄 수 있는 때를 택하는 지혜가 필요하다. 타이밍을 잘 포착하고 적당한 때에 말의 수위를 조절하여 끝낼 줄 아는 것이 중요하다는 것이다.

말을 잘하는 능력은 부부가 소통을 잘하는 데 있어 가장 중요한 요인이 아니다. 갈등이 있는 경우나 상대를 설득하기 위한 대화는 특히 더 그렇다. '아와 어'라는 말도 아침에 할 때와 밤에 할 때 그 의미가 달라질 수 있다. 잘 듣는 것은 물론 시의적절한 표현과 상황에 맞는 말을 적시에 할 줄 아는 것이 더 중요하다는 뜻이다. 그래서 부부 대화를 타이밍의 예술이라고 부르는 사람들이 많다.

30 : 70 법칙을 실천하라

대화를 잘하기 위한 원칙 중에 30 : 70 법칙이 있다. 전체 대화 중 나는 30%, 상대가 70%의 비중으로 얘기하도록 대화를 이끌어가는 것이다. 부부 대화에서도 마찬가지다.

부부 싸움이 격화되는 형태를 분석해보면 공통점이 있다. 상대의 말은 들으려 하지 않고, 자기 주장만 강하게 한다는 것이다. 문제가 상대에게 있다고 생각하기 때문이다. 문제를 해결하고자 한다면 대화 중에 70%는 배우자가 말을 하게 하라. 나는 요점 중심으로 30%만 말을 하는 것이 좋다. 특히 감정을 배제하고 이성적으로 말을 하면서 잘 들어야 한다.

미국의 심리학자 메라비언 교수에 의하면 소통에 영향을 주는 93%는 비언어적인 요인이다. 의사소통에 영향을 주는 요인 중 '말하는 내용'은 7%다. '말하는 방법이나 음성'이 38%, '몸짓언어'가 55%를 좌우한다고 한다. 물론 말하는 내용도 중요하다. 그러나 메라비언에 의하면 내가 아무리 설득하려고 해도 내 말의 7%만이 배우자에게 영향을 미칠 뿐이다. 그러므로 배우자가 부부간 대화의 70%를 말하게 하라.

그리고 공감적 경청, 포용과 위로를 하면서 30% 정도를 시의적절한 타이밍에 맞춰 말하는 습관을 길러라. 그리하면 부부 갈등의 70~80%는 해결된 것이나 다름없다.

10
더 잘 통하게 해주는
부부 싸움의 기술

    평생 동안 단 한 번도 부부 싸움을 안 하고 산 부부가 있을까? 아마도 거의 없을 것이다. 부부 싸움도 애정이 있기 때문에 한다. 같이 살고는 있지만 애정이 없는 부부는 아예 싸우지도 않는다. 메모지를 통하거나 문자 메시지로 소통하는 부부들이 그런 경우들이다.

    이런 관점에서 본다면 부부 싸움 그 자체가 무조건 나쁜 것만은 아니다. 부부 싸움도 소통 방법 중 하나이기 때문이다. 그러므로 소통을 잘하는 기술처럼 부부 싸움을 잘하는 기술도 필요하다.

    부부가 싸움을 하고 난 뒤 소가 닭 보듯 하거나 아예 원수처럼 돌아서는 것은 바람직하지 않다. 비가 온 뒤에 땅이 더욱 굳어지듯이 부부 싸움 뒤에 더욱더 화목한 부부로 진화해야 한다. 어떻게 하면 그렇게 할 수 있을까? 다음과 같은 7가지를 실천하면 된다.

현안만 갖고 싸워라

부부가 다투는 목적은 전쟁이 아니다. 갈등을 해결하기 위한 과정이란 점을 명심해야 한다. 그러므로 과거를 들먹이지 마라. 현재 갈등의 원인이 되는 주제에 관해서만 대화를 나누는 것이 절대 필요하다. 과거를 들추어내면 현안 문제의 해결은커녕 사안이 더 확대될 수 있기 때문이다.

화가 난 일이나 섭섭한 일이 있더라도 목소리를 높이지 마라. 감정을 이입시키는 것도 바람직하지 않다. 현안에 대해 사실만을 중심으로 말하라. 배우자에게 논리적으로 자신의 생각을 전달하는 것이 필요하기 때문이다.

승자도 패자도 없게 하라

부부 싸움은 전쟁도 스포츠 경기도 아니다. 그러므로 어느 한쪽을 굴복시켜서 일방적인 승리로 끝나는 것은 좋지 않다. 승자도 패자도 없어야 한다. 갈등의 골이 더 깊어지든가 아니면 이혼까지 가는 더 큰 문제로 발전될 수 있기 때문이다.

대부분의 부부 싸움은 사소한 것에서 시작되는 것이 보통이다. 그러므로 조금만 이성적으로 판단하고 대처한다면 사태가 악화되지 않는다. 상대방이 감정적으로 나올 때는 한쪽이 참아주는 지혜도 필요하다. 상대가 감정적으로 나올 때 논리적인 설득만으로는 한계가 있다. 하고 싶은 말이 있으면 상대의 감정이 가라앉을 때를 기다려 대화하는 여유가 필요하다.

때로는 서로에게 져주는 것도 필요하다. 서로에게 져줌으로써 서로가 이기는 지혜를 실천하는 것이다. 정도의 차이가 있을 뿐 대부분의 부부의 싸움 원인과 책임은 두 사람 다에게 있다. 그러니 부부 싸움을 하는 데 있어 승자와 패자가 없도록 하는 것이 중요하다.

규칙을 만들어라

부부 싸움이 끝난 뒤에 서로에게 상처가 남지 않도록 하는 것도 중요하다. 그러므로 배우자의 약점을 말해서는 안 된다. 또한 어떤 경우라도 폭력을 휘둘러서는 안 된다. 그러나 실제는 잘 안 지켜지므로 다음과 같이 부부간 싸움의 규칙을 정해두는 지혜도 필요하다. 부부간 금실이 가장 좋을 때인 신혼 초에 미리 작성해두는 게 좋다.

XX, YY의 부부 싸움 규칙

1. 20분 이상 싸우지 않는다.

2. 지난 일을 끄집어내지 않는다.

3. 목소리를 높이지 않는다.

4. 시댁, 처가 관련해서 어떤 말도 꺼내지 않는다.

5. 욕설, 폭언, 폭행을 하지 않는다.

6. 절대 자존감을 건드리지 않는다.

7. 싸우고 집을 나갈 때는 2시간 이내에 반드시 들어온다.

8. 반드시 먼저 싸움을 건 사람이 화해를 시도한다.

9. 화가 덜 풀렸어도 절대 각방을 쓰지 않는다.

10. 자녀 앞에서는 절대 싸우지 않는다.

상대방의 성향을 고려하여 싸워라

인간의 행동 유형은 크게 4가지로 나눌 수 있다. 주도형, 사교형, 신중형, 안정형이다. 주도형이나 사교형은 문제 해결에 적극적이다. 반면 신중형이나 안정형은 문제 해결이 복잡하다고 느껴지면 소극적으로 대응하며 마음속에 담아두는 경향이 있다. 이런 성향을 감안하지 않고 다투다 보면 감정이 격해진다. 본래의 현안이 아닌 다른 사안을 끄집어내 싸움이 더 커지게 만든다. 그동안 억눌렀던 화가 폭발하면서 싸움이 커지고, 이기고 지는 싸움으로 변질될 수 있는 것이다.

서로 성향이나 가치관이 비슷하다면 잘 싸우지 않고 갈등도 적을 것이다. 물론 어떤 문제 해결이 필요할 때는 오히려 시너지 효과가 떨어질 수 있다. 하지만 배우자의 행동 유형을 사전에 알고 성향을 고려해 말과 행동을 하면 이해의 폭을 넓힐 수 있다. 갈등 역시 줄어들 수밖에 없다. 배우자의 성향을 인정하고 받아들이는 것도 필요하다. 30~40년을 다른 환경에서 자라온 남자와 여자의 성향이나 생활 습관이 하루아침에 바뀔 수는 없다. 아무리 화가 나더라도 배우자의 성향을 존중해주면 본질을 벗어나 감정 싸움으로 변질되는 것을 막을 수 있다. 부부 싸움이 서로에게 좀 더 가까이 가는 과정으로 진행될 수도 있는 것이다.

상처를 주는 언행은 절대 하지 마라

배우자에게 상처가 되는 언행은 화해하더라도 가슴에 깊은 상처로 남는다. 부부가 싸울 때도 절대로 해서는 안 될 말과 행동이 있다. 바로 물리적 폭력과 언어폭력이다. 폭력은 대물림될 수 있다. 그러므로 아무리 화가 나고 참을 수 없는 상황이라도 신체에 상처를 남기는 물리적 폭력을 행사해서는 절대로 안 된다.

언어폭력 또한 마찬가지다. 물리적 폭력은 대부분 흉터가 남는다. 시간이 좀 걸리지만 대부분 잘 보이지 않을 정도로 상처가 아무는 편이다. 그러나 언어폭력에 의한 상처는 심장에 박힌 대못처럼 영원히 아물지 않는 경우가 많다. 특히 배우자를 비난하고 경멸하거나 자기 방어, 아예 담쌓기식 대화를 해서는 안 된다. 심리학자 가트먼에 의하면 이 4가지 유형을 다 쓰는 부부의 경우는 이혼 확률이 98%나 되기 때문이다. 또한 상대의 자존감을 짓밟는 말은 절대 삼가야 한다. 영원히 씻을 수 없는 불행을 부를 수도 있기 때문이다.

부부 싸움을 하다 마음에 상처를 입었다면 솔직하게 얘기하는 것도 필요하다. 가해자인 배우자는 전혀 인지하지 못할 가능성도 있기 때문이다.

잘못된 부분은 인정하고 사과하라

싸우고 난 뒤 시간이 조금 지나면 화해의 모습을 취하는 것이 부부 관계를 회복하는 데 도움이 된다. 부부 문제 전문가들에 의하면 문제는 싸우는 것 자체가 아니다. 잘못 싸우거나 화해하지 못하는 것이 더 큰 문제라 한다.

화해는 사랑의 또 다른 시작이다. 그러므로 서로 잘못한 부분이 있고 잠깐의 흥분으로 하지 말아야 할 언행을 했더라도 변명하지 마라. 즉시 인정하고 사과하는 것이 꼭 필요하다. 부부의 사랑은 살아 있는 꽃과 같다. 갈등의 시간이 오래 지속되거나 서로에게 무관심하다 보면 생기가 없어지고 시들해져 버린다. 먼저 사과하는 사람이 승자가 될 수 있다는 사실을 명심하기 바란다.

가문의 전쟁으로 비화시키지 마라

갈등이 깊어지고 시간이 길어지다 보면 원치 않아도 타인이 개입할 가능성이 커지게 돼 있다. 자신보다는 상대에게 잘못이 크다고 생각하는 쪽에서 제삼자를 끌어들이기 때문이다. 자신의 억울함을 이해해줄 조력자를 만들려는 마음으로 그런다. 하지만 싸움이 더 커질 뿐 전혀 도움이 되지 않는다. 특히 시댁이나 처가의 부모나 형제가 개입하면 싸움이 더 커진다. 이런 경우는 얽힌 실타래처럼 풀기가 더 어려워진다. 그러므로 부부끼리만 싸우는 것을 원칙으로 삼아야 한다. 또한 내 편을 만들기 위해 자녀나 부모, 형제 등 제삼자 앞에서 배우자를 비난하는 것도 절대 삼가야 한다. 결국은 부메랑이 돼 내게로 돌아오기 때문이다.

최근에는 '가문의 전쟁'이라는 신조어도 등장했다. 젊은 부부가 사소한 일로 다툰 뒤 양가 부모들이 개입하면서 갈등이 오히려 더 커지는 경우를 말한다. 가정이 파탄 나는 이혼의 새로운 양상을 잘 보여주는 단어다. 대표적인 예가 변호사와의 이혼 상담 시 아내가 친정어머니 손을 잡고 오는 경우다. 아들을 대신해서 이혼 상담을 받을 수 있느냐는 문의를 하는 경우 역시 마찬가지다.

11
더 자주 만나서
함께 즐겨라

　고객을 위한 최고의 서비스는 애프터서비스를 잘하는 것일까? 아니다. 아예 애프터서비스 받을 상황을 만들지 않는 게 최상이다. 이같은 관점에서 서비스하지 않는 것이 최고의 서비스라는 주장을 펴는 이들이 있다. 미국의 고객 만족 전문가인 빌 프라이스와 데이비드 제프가 바로 그들이다.

　그렇다면 부부 또는 가족 간 최고의 소통 해결책은 무얼까? 앞서 소개한 것처럼 소통 3.0이다. 소통 3.0은 가족의 관심사를 가지고 설득력 있게 대화를 이끌어가는 능력을 말하는 게 아니다. 공감적 경청의 능력이 뛰어난 것을 의미하는 것도, 호감이나 도움 등을 주는 것을 말하는 것도 아니다. 이상의 것들 모두 가족 간 소통에 필요한 해결책이긴 하다. 하지만 최고의 소통 3.0이라 하기에는 2%가

부족하다. 가족 간 최고의 소통 3.0은 바로 '함께 하면서 어울리는 것'이다.

함께 하는 것이란 집 안에 같이 있는 것과 같은 정적인 상태를 말하는 것이 아니다. 앞서 소개한 사례처럼 아들의 머리를 감겨주는 것, 아들 학교 갈 때나 학원 끝나고 집에 올 때 같이 걷는 것처럼 어떤 행동을 함께 하는 것을 뜻한다. 물론 부부나 가족이 교회나 성당, 절 등에 함께 가는 것도 해당된다.

2014년에 잉꼬 부부로 소문났던 연예인 A씨가 자신의 아내를 폭행했다고 해서 많은 사람들이 안타까워 했던 적이 있었다. A씨 부부가 폭행으로 치달은 데는 언론에 알려진 것들 외에도 여러 가지 이유가 있을 것이다. 그중 하나가 소통의 문제다. A씨와 그의 부인은 서로 다른 교회를 다녔다고 한다. A씨는 자신이 다니는 교회에서 목사였다니 교회를 옮기기가 쉽지 않았을 것이다. A씨의 부인 역시 마찬가지였을 것이다. 결혼 전부터 자신이 다니던 교회였다니 아는 사람들도 많고 해서 옮기기가 쉽지 않았을 것이기 때문이다.

'부부가 서로 다른 교회를 다닌다고 뭐 문제가 생기겠나? 고 김대중 대통령과 이희호 여사는 성당과 교회를 따로 다녔다는데.'라는 생각을 갖는 이들도 많을 것이다. 그러나 만약에 A씨의 부인이 교회를 옮겨서 함께 다녔더라면 어땠을까? 목사라는 남편의 입지를 좀 배려해서 말이다. 물론 그랬어도 폭행 사건은 일어났을 수도 있다. 하지만 그 반대일 수도 있지 않았을까? 소통의 관점에서 본다면 말이다. 만약 A씨의 아내가 남편이 다니던 교회를 함께 다녔을 경우를 생각해보자. 아마도 부부는 훨씬 더 많은 대화를 나눴을 것이다. 교회 가기 전과 집으로 오는 동안 이런저런 대화를 나눴을 것이기 때문이다.

그렇다면 부부, 가족 간에 무엇을 함께 하는 것이 최고의 소통 3.0이 될 수 있을까? 물론 목욕이나 머리 감겨주기 같은 것도 좋고 등산이나 스포츠 댄스 등 취미나 여가생활을 함께 하는 것도 좋다. 그러나 최고의 소통이라 하기에는 조금 미흡하다. 최고의 소통 3.0은 자아실현의 욕구를 충족하기 위한 활동을 함께 하는 것이다. 부부 간, 가족 간 자아실현 욕구를 충족하기 위해 함께 어울리는 것을 말한다. 자아실현의 원래 의미는 "자기 자신의 능력과 개성을 충실하게 발전시켜 완벽하게 이루는 것"이다. 그러나 이 같은 의미보다는 "자신이 정말 좋아하는 일을 하면서 만족해하며 삶의 보람을 느끼는 것"이란 의미로도 사용되고 있다.

예를 들면 마라톤을 정말 좋아하는 사람, 뮤지컬을 좋아하는 사람, 또는 봉사활동을 좋아하는 사람이 그 일을 하면서 만족과 삶의 보람을 느끼는 상태를 말한다. 먹고사는 문제나 존중받고 인정받는 것과는 다른 차원의 욕구를 말하는 것이다. 이 같은 자아실현 활동은 부부, 가족 간 함께 하는 시간이 길고 주기적으로 반복성이 있을 때 더 효과적이다.

직장인 52세 유정석, 47세 유정식 씨 형제가 대표적인 사례다. 두 형제는 무척 사이좋다. 형제 중 하나가 돈을 많이 벌어 경제적으로 팍팍 밀어줘서 그런 건 아니다. 형제 모두 일반 직장인들처럼 매달 돈에 쪼들리면서 산다.

형제가 사이좋은 이유는 딱 한 가지다. 두 사람이 낚시를 함께 한다는 것이다. 형인 유정석 씨는 부모님과 동생이 살고 있는 지방 도시에 한 달에 한두 번씩 내려간다. 부모님도 뵙고 동생과 낚시도 함께 하기 위해서다. 형제 모두 낚시를 좋아한다. 그저 취미생활 정도가 아니다. 정말 좋아하는 정도를 넘어 낚시를 하면서 삶의 보람을 느낀다.

물론 부부, 자녀, 형제간 자아실현 활동을 하려고 해도 현실적인 어려움들이 있다. 58세 김영수 씨는 이런 고충을 털어놓는다.

"나도 아내와 자아실현 활동을 함께 하고 싶다. 그런데 추구하는 게 서로 다르다. 나는 골프, 아내는 춤을 정말 좋아한다. 아내도 골프를 치긴 하지만 그렇게 좋아하지는 않는다. 한 사람이 양보해서 같이 하면 되지 않느냐는 생각을 가질 것이다. 그러나 너무 수준 차가 난다는 게 문제다. 내가 춤을 배워보겠다고 했더니 아내가 달가워하지 않더라. 여러 이유가 있겠지만 너무 수준 차이가 나서 그럴 것이다. 바둑도 자기보다 고수나 비슷한 사람과 둬야 재미있잖은가. 아마 바둑 3단인 남편이 완전 초급인 아내가 바둑을 같이 두고 싶다면 어떻겠나."

일리 있는 말이다. 그러나 김영수 씨 부부에게 자아실현 활동을 함께 하는 것보다 더 시급하게 필요한 것은 배려이다. 남편과 아내가 좋아하는 자아실현 활동에 한 사람이 양보하고 함께 하기를 원한다면 수준 차가 나더라도 배려해주는 마음 씀씀이 말이다. 부부, 가족 간 지속적으로 무언가를 함께 하는 동안 소통은 물 흐르듯 이루어질 수밖에 없다. 등산이든, 낚시든, 배드민턴이든, 스포츠 댄스든 무언가를 하는 동안은 물론 오가면서도 활발하게 커뮤니케이션이 이루어질 것이기 때문이다.

상대를 존중하고 배려하는 마음이 없으면 부부, 가족 간에 무언가를 함께 하기 어렵다. 이런 관점에서 본다면 부부, 가족 간 무언가 자아실현 활동을 함께 하는 것이야말로 가정 행복을 부르는 최고의 소통 3.0이라 할 수 있지 않을까?

여기에 한 가지를 덧붙이면 금상첨화다. 가족 간에는 더 자주 만나야 한다는 것이다. 왜 이웃사촌이란 말이 있을까? 아무리 피를 나눈 가족이라 해도 멀리 떨어져 있으면 그 거리만큼 멀어지는 것은 물론 소통도 잘 안 된다. 이제부터 가족끼리 더 자주 만나서 함께 즐기며 어울리는 시간을 대폭 늘리기 바란다.

먹고사는 게 문제일 정도로 쪼들리는 가정은 행복하기 어렵다.

행복한 가정과 그렇지 못한 가정을 가르는 중요한 요인 중 하나가 바로 돈이다.
한 가정이 행복하기 위해서는 반드시 일정 수준의 돈이 필요하다.

SECRET 05

돈

01
돈자부들의
5가지 DNA

여행 5일 차 아침, 화영과 진수네 여행 팀 멤버들은 스위스의 인터라켄으로 이동했다. 12시가 조금 넘어서 인터라켄에 도착한 후, 오스트 역으로 이동해 산악 열차를 탔다. 톱니가 달린 산악 열차를 타고 해발 3,454m나 되는 융프라우의 정상을 향해 올라가는 여정이었다.

융프라우 관광을 마치고 다시 인터라켄으로 돌아왔다. 저녁 식사 동안 화영과 진수는 현진네 가족과 이야기를 나눴다. 현진네 역시 맞벌이 부부였다. 현진이 아빠는 일반 기업에 다니고 있는 평범한 직장인이었고 현진이 엄마는 초등학교 교사였다.

화영과 진수는 그들 가정이 너무나도 부러웠다. 부부 금실이 좋아 보인 것도 그랬다. 더 부러운 건 따로 있었다. 40대 초반의 나이에 사는 아파트 말고 현금 자산만 10억이 넘는다는 것이었다. 부모로부터 재산을 물려받은 것도 아니면서, 자신들보다 불과 5~6년 정도 선배일 뿐인데 재산이 그렇게 많다는 것이 너무나 부러웠던 것이다.

"선배님, 술 한잔하며 노하우 좀 가르쳐주실 수 있으세요?"

현진 아빠는 흔쾌히 좋다고 했다. 이렇게 해서 저녁 식사 후에 현진네 가족 방에서 두 부부의 만남이 이루어졌다. 네 사람은 서로의 잔에 와인을 따랐다.

"자, 한잔씩 합시다. 건배사는 뭐로 할까요? '돈자부' 어때요?"

현진 아빠가 이렇게 말하자 진수가 질문을 던졌다.

"그게 무슨 뜻이죠?"

"'돈 문제로부터 평생 자유로운 부부가 되자!'란 말을 줄인 겁니다. 자, 건배할까요? 돈자부!"

네 사람은 "돈자부!"를 외치며 와인 잔을 부딪쳤다. 건배를 하고 나서 현진 아빠가 돈자부를 꿈꾸며 살아온 지난 10여 년 동안의 이 야기를 말하기 시작했다.

현진네는 돈자부의 꿈을 이루기 위한 1단계로 2000년에 '10년 안에 10억 만들기' 목표를 세웠다고 했다. 목표 달성을 기념하고 2단계 목표인 '50억 만들기'에 도전하기 위해 이번 여행을 오게 됐다고 했다.

"선배님, 돈자부가 되기 위해 가장 중요한 게 뭔가요?"

현진 아빠는 돈자부들의 5가지 DNA를 이식시키는 게 중요하다고 말했다.

"돈자부가 되기 위한 첫 번째 DNA는 절약, 즉 검儉테크 DNA고
요. 두 번째는 좋은 정보를 얻거나 멘토링을 받을 수 있는 인맥을
만드는 인人테크 DNA입니다."

현진 아빠의 말에 화영과 진수는 동시에 고개를 끄덕였다.

"재財테크 DNA도 있겠군요."

은행에서 만나는 부자들 중에 정말 재財테크 감각이 탁월한 사람
들이 있더라며 화영이 말했다. 현진 아빠가 고개를 끄덕이는 것으로
답을 대신했다.

"그럼 나머지 2가지 DNA는 뭐죠?"

이번에는 진수가 궁금한 듯 물었다.

"그중 하나는 돈을 잘 벌 수 있는 재능을 뜻하는 재才테크 DNA입
니다."

현진 아빠의 말에 화영이 무언가 감이 잡힌다는 듯이 말했다.

"축구든, 노래든, 공부든, 요리든, 장사든, 투자든 무언가를 잘해야
돈 많이 벌고 부자도 될 수 있다는 뜻이군요."

"그렇습니다. 자수성가형 돈자부들의 99.9%가 이 재才테크 DNA
를 갖고 있다 할 수 있습니다."

"그럼, 나머지 DNA는 뭐죠?"

진수가 궁금한 듯 다시 묻자 어느새 아이들을 재우고 왔는지 현진

엄마가 끼어들며 혼婚테크 DNA라고 말했다.

"혼婚테크라면 돈 많은 부자 또는 돈을 아주 잘 버는 사람과 결혼하란 뜻인가요?"

화영이 웃으며 말했다.

"그런 뜻도 있지만 이 양반은 '부자 될 사람과 결혼하는 것'과 '일찍 결혼하는 것'이 핵심이라네요. 그런 안목을 갖게 만드는 능력이 바로 혼婚테크 DNA라는 거죠."

"그걸 진작에 알았더라면…."

화영의 말에 현진 엄마와 아빠가 동시에 웃었다. 그러자 이번에는 진수가 장난끼 어린 표정을 지으며 말했다.

"이미 결혼한 사람은 어떻게 해야 하죠? 가능성 없다고 판단되면 이혼하고서 다른 사람과 재혼해야 하는 건가요?"

진수의 말에 세 사람은 거의 동시에 웃었다. 분위기가 화기애애해지자 현진 아빠가 그런 뜻이 아니라며 말했다.

"결혼한 사람들은 부부가 합심해서 검儉테크, 인ㅅ테크, 재ㅈ테크, 재財테크를 잘해야 한다는 뜻입니다."

화영과 진수가 일리가 있다는 듯 고개를 끄덕였다. 잠시 동안 침묵이 흐르자 진수가 세 사람의 잔에 와인을 따랐다.

02
7030 부부

"두 분은 우리가 돈자부가 되기 위해 가장 열심히 실천한 게 무엇이라 생각하세요?"

현진 아빠의 질문에 화영이 말했다.

"아무래도 재財테크를 잘 하셨지 않나요?"

진수도 화영의 말에 동의한다는 듯 고개를 끄덕였다. 그러자 한동안 잠자코 있던 현진 엄마가 말했다.

"아니에요. 저희 부부는 죽기 살기로 검儉테크를 했어요."

검儉테크라는 말에 화영과 진수가 다소 의외라는 듯한 표정을 지었다. 그런 두 사람을 바라보며 현진 아빠가 천천히 말했다.

"우리 부부가 돈자부의 꿈을 가진 건 2000년부터입니다. 결혼한지 꼭 1년이 지난 후였죠. 당시 전세 살고 있었는데 둘이 이렇게 벌어서 언제나 집을 사나 싶더라고요. 그래서 현진 엄마한테 제안을 했죠. 지금부터 10년 안에 10억, 25년 안에 100억을 모으자고요."

현진 아빠가 잠시 말을 멈추자 이번에는 현진 엄마가 거들었다.

"제가 그랬어요. 100억은커녕 무슨 수로 10년 안에 10억을 모으냐고요. 1년에 7~8,000만 원 정도는 저축해야 할 것 같은데 그렇게 하려면 당시 우리 두 사람이 번 돈을 한 푼도 안 써도 불가능했거든요. 당시 실 수령액이 월 360만 원 정도 됐어요. 도저히 불가능할 것 같아 제가 어떻게 할 거냐고 되물었죠."

현진 아빠는 7030 부부가 되자고 했다고 말했다. 7030 부부란 소득의 70%는 무조건 저축하고 30% 내에서 쓰는 부부를 말하는데, 자신이 만들어낸 용어라는 말도 덧붙였다. 그러나 화영과 진수는 도저히 불가능하다는 표정을 짓고 있었다. 부모 집에 얹혀사는 싱글이라면 몰라도 결혼하고 애를 낳은 상태에서는 현실적으로 불가능한 것 아니냐고 말했다. 부부 합산 소득이 월 1,000만 원 정도면 모를까. 그런 두 사람을 향해 현진 아빠가 말했다.

"물론 무척 힘든 일이죠. 하지만 독하게 마음먹으면 불가능한 일도 아닙니다. 제가 아는 자린고비 중에는 번 돈의 20%만 쓰는 8020 부부도 있습니다."

화영과 진수가 어리둥절해하자 두 사람의 심정을 이해할 수 있다는 듯 현진 아빠가 가벼운 미소를 지으며 말했다.

"2000년에 우리 부부 합산 소득이 360만 원이라 했죠? 매달 108만 원 이내에서 모든 비용을 지출하고 무조건 70%인 252만 원을 저축했습니다. 상여금과 성과급도 예외 없이 적용했고요. 반면 당시 소득이 비슷한 도시 근로자 가구의 소비와 저축 비율은 어땠는지 아세요? 저희와 정반대였습니다."

숨을 고르려는 듯 현진 아빠가 말을 멈췄다. 화영과 진수는 아무 말도 하지 않고 침묵을 지켰다. 자신들이 바로 3070 부부였기 때문이었다. 그런 두 사람을 향해 이번에는 현진 엄마가 말했다.

"월 100만 원 조금 넘는 돈으로 한 달을 살아야 했기 때문에 우리 부부 옷은 물론 애들 옷도 거의 사지 않았습니다. 애들 옷은 사촌들 옷을 물려받았고 가전제품이든 책상이든 뭐든, 모든 살림살이는 재활용 매장에서만 샀고요."

그제야 화영은 어느 정도 공감이 간다는 듯이 고개를 끄덕였다. 그러나 이내 납득이 가지 않는 부분이 있다는 듯 고개를 갸웃거리며 말했다.

"정말 대단하시군요. 하지만 두 분이 출근하고 나면 현준이와 현진이는 누가 돌본 거죠? 베이비 시터 한 사람 쓰는 데만 170~180만 원 정도 한다던데. 어린이집이나 유치원 비용도 만만치 않을 테고요."

"애들 어린이집에 가기 전까진 친정 엄마 신세를 졌어요. 어린이집이나 유치원은 모두 공립만 보냈고요."

현진 엄마의 말을 듣고 나서야 화영과 진수가 고개를 끄덕였다. 역시 부모한테 아이들을 맡길 수 있을 형편이 돼야 가능하겠다는 표정을 지으면서. 그런 두 사람을 바라보며 현진 아빠가 말했다.

"중요한 건 돈자부가 되겠다는 확고한 꿈을 가지면 어떤 부부라도 7030 부부 되는 게 가능하다는 겁니다. 총무님 말씀처럼 아이들 육아 관련 비용이 제일 관건인데요. 의지만 있으면 무슨 수가 나온다는 겁니다."

현진 아빠의 말을 듣고서 진수는 고개를 끄덕였다. 그러나 화영은 쉽게 납득이 가지 않는다는 표정을 짓고 있었다. 아무리 그렇다 해도 평범한 맞벌이 부부가 10년에 10억을 모으는 것은 결코 쉽지 않았을 거라는 듯 현진 아빠를 향해 말했다.

"두 분의 급여가 매년 늘었다 하더라도 은행에 저축만 해서는 불가능했을 것 같은데요."

화영이 무얼 말하려는지 알겠다는 듯 현진 아빠가 웃으며 말했다. 5년 동안 그렇게 악착같이 해서 2억을 모았고, 10억을 모으는 데는 9년 8개월이 걸렸다고 했다. 현진 아빠의 말에 진수가 눈이 휘둥그레지며 말했다.

"아니, 그럼 나머지 5년 동안 8억을 더 모으셨다는 건가요?"

"사실 저도 좀 놀랐어요. 2억을 모으는 데 5년이나 걸렸는데 일단

가속도가 붙으니까 10억을 모으는 데 총 9년 8개월 걸렸기 때문에
요. 종잣돈이 모이면 마치 눈덩이가 불어나듯이 돈이 불어나더란 말
을 그때 실감했어요."

현진 아빠가 이렇게 말하자 화영이 확인하고 싶은 것이 있다는 듯
말했다.

"그 기간 중에 정말 주식이나 펀드, 부동산 같은 곳에는 일절 투자
를 안 하신 건가요?"

"5년 동안 2억 모을 때까진 그랬고요. 그 후엔 주식과 펀드, 금에
아주 잠깐 동안씩 투자를 하긴 했어요. 그래도 10억 모으기 핵심 성
공 요인은 7030 부부 되기를 실천한 것이라 생각해요."

현진 아빠가 이렇게 말하고 나자 화영과 진수는 잠시 동안 침묵
하고 있었다. 대단하다고 해야 할지, 아니면 정말 지독한 사람들이라
고 해야 할지 판단이 서지 않았기 때문이다.

"2000년부터 7030 부부 되기를 실천하셨다니까 10억을 모으신
건 2009년 정도였겠네요? 지금이 2015년이니까 그 후론 돈을 얼마
나 모으셨어요?"

침묵하고 있던 화영이 이렇게 물었다. 그러나 현진 아빠는 얼마를
더 모았다는 말을 하지 않고서 그저 빙그레 웃고만 있었다. 그러자
이번에는 진수가 다른 질문을 던졌다.

"집은 언제 장만하신 거죠? 10억 만들기 목표를 달성하시고 난 바

로 그 후에 사신 건가요?"

"아파트요? 2013년 말에 겨우 샀어요."

이번에는 현진 엄마가 다소 불만스런 표정을 지으며 말했다.

"아니, 왜 그렇게 늦게 샀죠? 2009년 초에 돈이 10억이나 있었잖아요."

화영이 이해가 되지 않는다는 듯이 말했다.

"나는 2009년 하반기에 사자고 그랬죠. 2008년 9월에 터진 미국발 금융 위기 여파로 아파트 가격이 제법 하락했었거든요. 그런데 현진 아빠가 반대하더라고요. '아파트는 지금부터 돈을 모아서 사자. 이 돈 10억은 100억을 만들기 위한 종잣돈이니 절대로 깨면 안 된다'면서 말이죠."

그때가 생각난다는 듯 현진 엄마가 다소 볼멘소리를 했다.

"정말 대단하시군요. 저라면 10억을 모았으면 7~8억 정도 뚝 떼서 아파트부터 장만했을 텐데."

화영이 놀랍다는 듯이 말했다.

"돈자부가 돼 노후까지 돈 걱정 없이 살려면 10억으로는 어렵고 100억은 있어야겠다는 생각이 들었거든요. 그럼 90억을 더 모아야 하잖아요. 그런데 그 돈을 모으려면 적어도 20년 이상 걸릴 것 같더라고요."

현진 아빠가 이렇게 말하고 잠시 말을 멈췄다. 화영이 "직장에서의 실질적인 정년이 걱정되셨나 보군요."라고 말하자 현진 아빠가 그렇다는 듯이 고개를 끄덕였다. 그러자 화영이 궁금한 듯 다시 물었다.

"그럼 2009년 이후에도 계속 7030 부부 되기를 실천하신 건가요? 그렇게 해서 한 3억 정도 더 모으셨어요?"

"네, 아파트 사기 전까지 그 정도 모았어요."

"그 정도 돈으로 아파트를 사기에는 좀 부족하지 않았나요?"

현진 아빠의 말을 듣고 나서 진수가 이렇게 질문을 던지자 그렇다면서 말했다. 현진 아빠는 2009년 초에 그동안 모았던 10억 중 5억을 뚝 떼서 주식과 금에 분산 투자했다고 했다. 금은 1온스당 800달러에 사서 1,400달러에 팔았으니까 75% 수익이 났고, 주식은 그보다 조금 더 수익이 났다고 했다. 이렇게 번 돈과 7030 부부 되기로 모은 돈 등을 합해 2013년 말에 아파트를 샀다는 것이었다.

"정말 대단하시네요."

현진 아빠의 설명을 듣고 난 진수가 벌어진 입을 다물지 못했다. 화영도 놀랍다는 표정을 지으며 말했다.

"현진 아빠께서는 검金테크뿐 아니라 재財테크도 달인이셨군요."

"과찬이십니다. 저흰 그저 7030 부부 되기를 철저하게 실천했을 뿐입니다. 원금 손실 리스크가 있는 투자 역시 그때 샀던 금과 주식을 판 이후로는 지금까지 전혀 안 하고 있고요."

화영의 칭찬에 현진 아빠가 아니라는 듯 손사래를 쳤다.

03
우린 재테크 대신
시테크한다

"제가 볼 땐 현진 아빠만의 무슨 재財테크 비법이라도 있으신 것 같은데…."

말끝을 흐리며 진수도 거들었다. 검儉테크의 실천 방법인 7030 부부 되기처럼 현진 아빠만의 재財테크 법칙 같은 것이 있으면 한 수 가르쳐 달라며 무언의 압력을 넣는 것 같았다. 그런 두 사람을 바라보며 이번에는 현진 엄마가 말했다.

"무언가에 투자할 때 현진 아빠만의 재財테크 원칙이 있긴 해요."

그게 뭐냐며 화영과 진수가 거의 동시에 물었다. 그런 두 사람을 보면서 현진 아빠가 "재財테크 원칙이랄 것도 없는데, 이거 은행 PB 분 앞에서 영 쑥스럽네요."라며 머리를 긁적이더니 말했다.

"전 무언가에 투자할 때 시時, 가價, 지知, 분分의 4가지 투자 원칙을 철저하게 지키는 편입니다."

"가價는 가치 투자, 분分은 분산 투자, 지知는 자신이 잘 아는 것에만 투자한다는 뜻인가요?"

은행 PB답게 화영이 이렇게 말하자 현진 아빠가 그렇다며 고개를 끄덕였다.

"그럼 시時는 무얼, 어떻게 한다는 건가요?"

이번에는 진수가 궁금하다는 듯이 물었다.

"무언가에 투자를 할 때 지금이 사야 할 때인지 팔아야 할 때인지를 잘 판단하는 것을 말합니다. 이런 의미에서 우리 부부는 '재財테크 대신 시時테크한다.'란 말을 즐겨 사용합니다."

"주식이냐 부동산이냐 펀드냐 무엇을 살 것인지보다 언제 사고 팔 것인지가 더 중요하다는 뜻이군요."

진수가 공감이 된다는 듯 자신의 무릎을 치며 시時테크의 비법 같은 게 있으면 알려 달라고 했다. 이렇게 말하는 진수를 향해 현진 아빠가 말했다.

"글쎄요. 저는 투자를 자주 하는 것도 아니고, 재財테크 전문가도 아니고 해서 매수와 매도 타이밍을 알아내는 저만의 특별한 비결 같은 것이 있는 것은 결코 아닙니다. 다만 저 나름대로의 시時테크 기준이 있긴 합니다."

현진 아빠가 이렇게 말하자 진수가 무척 궁금하다는 듯이 의자를 당겨 앉았다. 두 사람의 대화를 지켜보고 있던 화영도 무척 궁금하다는 표정으로 현진 아빠를 바라보았다.

"전 언론 뉴스를 보면서 판단하는 편입니다. 예를 들어 '주가 대폭락, 미국발 금융 위기로 세계 경제 공황에 빠질 우려' 등과 같은 뉴스나 '모든 사람들 투매, 패닉 상태에 빠졌다.' 같은 뉴스가 여러 차례 반복해서 신문 1면 머리기사나 TV의 저녁 8시, 9시 헤드라인 뉴스로 나오면 그때를 살 때로 판단합니다."

"그럼 팔 때는요?"

"반대로 '주가 사상 최고치 경신, 또는 금값 연일 사상 최고치 경신' 같은 뉴스가 반복해서 나올 때는 팔 때로 판단합니다."

현진 아빠가 이렇게 말하자 대단하다는 반응을 보이던 화영과 진수 두 사람의 얼굴에 처음으로 실망하는 기색이 나타났다. 자신들 손에 확실하게 돈을 쥐어줄 무슨 도깨비 방망이라도 기대했었는데 특별한 노하우라고도 할 수 없는 너무나 상식적인 말이었기 때문이다.

그러나 분명 현진 아빠와 엄마는 화영과 진수 부부, 아니 이 세상 대부분의 부부들과는 달랐다. 생각이 여기에 미치자 화영이 부끄럽다는 듯 말했다.

"이 양반도 주식 투자에 실패해 돈을 날린 적이 한두 번이 아니거든요. 현진 아빠 말씀 듣고 곰곰 생각해보니 사야 할 때 팔고 반대로 팔아야 할 때 사는 식으로 시테크를 잘못한 것이 가장 큰 원인인 것 같군요."

"맞습니다. 타이밍을 두세 번만 잘못 잡으면 주가가 20~30% 빠져도 투자 원금을 날리는 사람들이 있거든요."

현진 아빠의 말이 끝나자 진수가 멋쩍은 듯 자신의 머리를 긁적이며 이렇게 말했다.

"이제 저희도 무언가에 투자하고자 할 때 현진 아빠께 자문을 구해도 될까요?"

현진 아빠가 자신 없다는 표정을 지으며 이렇게 말했다.

"제가 뭐 전문가도 아닌데. 하지만 한 가지 정도는 조언해 드리고 싶네요."

현진 아빠가 이렇게 말하자 화영과 진수 모두 잔뜩 기대가 된다는 표정으로 현진 아빠를 바라보았다.

"당분간 금리가 낮더라도 안전한 은행 적금이나 정기예금 같은 상품에 돈을 맡겨 종잣돈을 만들라고 권하고 싶습니다. 그랬다가 주식이나 부동산이 대폭락했을 때 투자하시기 바랍니다. 주식일 경우, 반드시 우량주 3~5개 종목을 3회 정도에 나눠 사시고 목표 수익에 도달하면 미련 없이 팔고 나오셔야 한다는 것도 잊지 마시고요."

현진 아빠의 말에 고개를 끄덕이며 진수가 말했다.

"가까운 장래에 정말 그런 기회가 올 수 있을까요?"

"언젠가는 틀림없이 옵니다. 예를 들면 중국 부동산 거품 붕괴 등으로 인한 중국발 경제 위기라든지, 가계 부채가 터진다든지와 같은 경제 위기들이 빠르면 1~3년이나 아무리 늦어도 5년 안에 반드시 올 겁니다."

현진 아빠가 이렇게 말하자 화영이 말없이 고개를 끄덕였다. 그러자 이번에는 현진 엄마도 나섰다.

"저도 현진 아빠 말을 믿어요."

그런 두 사람을 바라보며 다소 부럽다는 듯이 화영이 말했다.

"어머, 정말 환상적인 돈자부시군요. 아니, 일심돈체 부부라 불러야 할 것 같네요."

새로운 수화물

이렇게 7030 부부와 3070 부부간의 대화는 끝이 났다. 두 부부는 와인을 나누며 소소한 얘기를 1시간가량이나 더 나누고 나서야 헤어졌다.

"이렇게 돈자부를 넘어 슈퍼리치 부부를 꿈꾸며 사는 부부도 있네? 우리도 당장 7030 부부 되기부터 실천해볼까?"

호텔 방으로 돌아온 화영은 아직도 현진 아빠, 엄마와 나눈 대화의 여운이 그대로 남아 있는 듯 이혼 여행 중이라는 사실을 새까맣게 잊고서 이렇게 말했다.

"뭐, 밖에서 다른 남자랑 저녁 먹고 그러는 돈 아끼면 못할 것도 없겠지."

진수가 가시 돋친 말로 되받자 순식간에 분위기가 싸늘해졌다.

"하긴 그렇게 아등바등 모으면 뭐하냐. 그 알량한 실력으로 주식 투자한답시고 어렵게 모은 돈 몇 천만 원을 순식간에 날려 버리는 것도 모자라 급여 압류까지 당하는데 말이야."

자신들이 이혼 여행을 오게 된 결정적이 원인들이 터져나오자 두 사람은 이렇게 가시 돋친 말들을 주고받았다. 이혼 여행 오기 전 같았으면 상대의 말꼬리를 잡고서 티격태격하다가 대판 싸웠을 것이었다.

그렇지만 더 이상 확전으로 연결되지는 않았다. 여행 둘째 날 밤에 회장 부부와 나눈 "아무리 싸우더라도 상대의 자존감을 짓밟는 언어폭력은 삼가해야 한다."는 말이 화영과 진수 모두에게 각인되어 있었던 덕분이다.

두 사람 모두 이번 여행 오기 전에는 이혼하겠다는 마음이 100% 였다. 여행의 성격 자체가 이혼 여행이었으니 두말하면 잔소리였다. 그러나 회장 부부, 수연 엄마, 박 사장, 현진네 가족 등을 만나면서 마음의 문이 2% 정도는 열리고 있었다. 아직도 상대를 진정으로 존중하고 배려하는 마음, 소통의 기술은 부족했지만 말이다.

화영과 진수 모두 자신들보다 5년 정도 나이 많은 현진 아빠와 엄마가 부러웠다. 부부가 10억대 자산가의 꿈을 이루고 돈자부를 넘어 슈퍼리치 부부가 되겠다는 원대한 꿈을 꾼다는 것 자체가 부러웠다. 온 가족이 그 꿈을 이루기 위한 재충전 여행을 왔다는 사실도 너무 부러웠다. 특히 이혼 여행을 온 자신들과는 완전 정반대인 상황이 그렇게 부러울 수가 없었다.

한동안 침묵이 흐르자 진수가 어색한 분위기를 피하려는 듯 회장이 건네준 USB를 노트북에 꽂았다. 진수가 '돈' 폴더를 열자, 화영도 꼭 읽어보고 싶은 마음이 있다는 듯 진수 곁으로 다가왔다. 두 사람은 나란히 앉아 '돈은 가정의 행복 발전소'란 파일을 클릭했다.

이렇게 이혼행 평행선 철로를 달리는 두 사람에게 어렴풋하게나마 '돈자부의 꿈'이란 새로운 수화물이 실려진 채로 여행 다섯째 날 밤이 지나고 있었다.

05
돈은 가정의
행복 발전소

    가족 각자가 본분을 다하기 위해 노력하면 그 가정이 행복할 수 있을까? 서로 존중하고 배려하며 소통도 잘 이루어진다면 과연 행복할 수 있을까? 행복할 수도 있고 그렇지 않을 수도 있다.

    위와 같은 행복의 조건들이 충족되고 먹고사는 데도 별지장이 없는 가정은 행복할 것이다. 그러나 먹고사는 게 문제일 정도로 돈이 없거나 쪼들리는 가정은 행복하기 어렵다. 행복한 가정과 그렇지 못한 가정을 가르는 중요한 요인 중 하나가 바로 돈이다. 한 가정이 행복하기 위해서는 반드시 일정 수준의 돈이 필요하다.

    "마음을 비워라. 모든 걸 내려놓아라. 그러면 행복해질테니…."라고 말하는 유명인들이 있다. 주로 스님이나 신부님 등 종교인들 중에 많은 편이다. 물론 일반인들 중에도 그런 사람들이 있다. 그런 분들의 말을 부정하는 것은 결코 아니다. 백 번, 천 번 들어봐도 맞는 말이기 때문이다. 그러나 이 같은 말을 하는 분들의 공통점이 있다는 것을 간과해서는 안 된다.

먹고사는 데 있어 별 어려움이 없는 사람들이라는 거다. 과거에 어려웠던 시절이 있었을지 몰라도 그런 말을 할 시점에는 대부분 그렇지 않다는 것이다. 먹고사는 문제를 걱정할 필요가 없기 때문에 그런 말을 할 수 있는 거다.

어느 절에 10여 명의 스님이 있다. 그런데 먹을 식량이 다 떨어졌다. 아니, 굶은 지가 3일이나 됐다. 게다가 한 스님은 땔나무하러 갔다가 다리가 부러졌다. 병원까지 이동할 차량도 돈도 없다. 통증에 고통스러워하는 스님을 위해 기도 외에는 아무것도 해줄 수 없는 상황에서 과연 마음이 편할까? 3일씩이나 굶은 상태에서 마음을 비우면 과연 행복할 수 있을까? 그럴 수도 있을 것이다. '7일 동안 굶는 것이나 목숨을 잃는 것보다는 낫다'고 생각한다면 말이다. 더구나 그들은 보통 사람들과 달리 부양할 가족이 없다.

부양할 가족이 없다면 마음을 비운 상태에서 행복하다고 느낄 수도 있을 것이다. 고통스럽더라도 자기 혼자 참으면서 마음의 위안을 삼을 수도 있기 때문이다. 하지만 보통 사람들은 행복하기 어렵다. 목사님이나 신부님, 스님처럼 달관의 경지에 오르지 않는 한 말이다.

부모 중 한 분이 큰 병에 걸려 수술을 받아야 하는데 수술비가 없다면 자식 된 도리로 과연 행복할까? 공부를 잘해서 유학 가고 싶다는 자녀가 있는데 한 푼도 도와줄 형편이 안 된다면 부모 된 입장에서 과연 마음이 행복할까? 전세 보증금 5,000만 원 올려줄 돈이 없어 변두리로 이사 가야 하는 가장이 '그래도 월세 사는 사람들보다 낫지.'라는 생각을 하면서 마음을 비우면 행복할까? 3개월 시한부 판정을 받은 가장이 물려줄 재산도 없는 상태에서 마음을 비우니 행복하다고 말할 수 있을까? 전업주부인 아내와 5살, 7살 아이들의 천진난만한 눈을 바라보며 아직도 3개월이나 더 살 수 있다고 생각하면서 말이다. 그렇게 마음을 비우면 자신은 행복해질 수 있을지 모른다. 그렇다면 가족들도 과연 행복할까?

물론 자신에게 닥친 안 좋은 일에 좌절하지 않고 마음을 비우고 무거운 짐을 내려놓는 것도 중요하다. 현재 자신의 상황에 비관하지 않으며 긍정적으로 살아가는 편이 훨씬 더 현명할 수 있다. 마음 아파한다고 상황이 나아지는 기적이 일어나는 것이 아니기 때문이다. 그러나 밝고 긍정적으로 사는 것과 행복하게 사는 것은 다르다. 당신 앞에 슬픈 일이 닥치면 슬프다 말하고, 괴로운 일이 닥치면 괴롭다고 감정 표현을 해야 한다. 그게 인간답게 사는 길이지 않을까?

한 가정이 행복하기 위해서는 먹고사는 데 지장이 없을 정도의 최소한의 돈이 필요하다. 그렇다면 최소한의 돈은 얼마 정도를 말하는 걸까? 사람마다 그 기준이 다를 것이다. 그러나 최소한의 돈은 다음과 같은 정도는 있어야 하지 않을까?

가족이 행복해지기 위해 필요한 최소한의 돈

1. 가족이 먹고 입고 자고 할 수 있을 정도의 돈
2. 자녀 교육시키고 결혼시킬 수 있을 정도의 돈
3. 가족 중 누가 아프거나 사고를 당해 병원에서 치료를 받아야 할 때 빚지지 않고 치료비를 낼 수 있을 정도의 돈
4. 형제가 사업에 실패해서 거리에 나앉을 정도가 됐을 때 방 한 칸이라도 얻어줄 정도의 돈
5. 자녀들 분가시키고 은퇴한 부부가 남은 기간 동안 먹고 입고 자고 할 수 있을 정도의 돈
6. 분가한 자녀가 직장에서의 명퇴, 창업 실패 등으로 어려움에 처했을 때 최소한의 도움을 줄 수 있을 정도의 돈

이 같은 관점에서 보면 돈은 가정 행복의 발전소라 할 수 있다. 발전소에서 전기를 생산해서 각 가정을 환하게 밝혀주듯, 돈 역시 가정을 환하게 밝혀주기 때문이다. 전기를 생산하려면 화력, 수력, 원자력 등의 에너지원이 있어야 한다. 행복한 가정을 만들기 위해서도 마

찬가지다. 본분 다하기, 존중, 배려, 소통 같은 에너지원이 필요하다. 그러나 이 같은 에너지원보다 어쩌면 더 중요한 에너지원이 바로 돈이다. 돈은 그 자체로 가정 행복의 발전소 역할도 하지만 본분 다하기와 존중, 배려 등 다른 에너지원들의 원천도 되기 때문이다.

최근 10여 년 동안 부부 이혼 사유 중 3위 이내에 꼭 드는 게 바로 돈 문제다. 앞서 언급한 것처럼 서로 갈등하고 싸우면서도 이혼하지 않고 사는 부부들도 많다. 그렇다면 그들이 다투는 요인 첫 번째는 무얼까? 성격 차이? 배우자의 외도? 아니다. 역시 돈 문제다.

돈은 부부간 갈등을 더 부추기기도 한다. 하지만 반대로 무마시켜주기도 하는 양면성을 가지고 있다. 그뿐만이 아니다. 가정 행복을 깨트리는 주범 중 하나인 이혼을 막는 방파제 역할도 한다. 노동연구원에서 2014년에 부부 4,004쌍을 분석한 결과가 이를 증명해준다. 분석 결과에 의하면 남편의 근로소득이 증가할수록 이혼 위험은 낮아진다. 남편의 소득이 전혀 없을 때와 비교했을 때 월 소득이 300만 원인 경우 이혼 위험은 3분의 1로 떨어졌다. 월 소득이 1,000만 원에 이르면 이혼할 위험이 제로 수준이라고 한다.

그렇다면 월 소득이 1,000만 원인 부부는 성격 차이가 없을까? 배우자의 외도 문제나 시댁과의 갈등은 없을까? 똑같이 있다. 소득이 낮은 부부들과 다를 게 없다. 그러나 남편이 돈을 잘 벌면 참고 사는 아내들이 그만큼 많다는 것이다. 물론 이혼할 위험이 제로가 되거나 낮아진다고 그 부부, 그 가정이 그만큼 행복하다는 것은 아니다. 그래도 돈 걱정은 하지 않아도 되므로 참고 사는 부부, 가정이 많다는 것이다. 또한 돈이 부족하지 않으면 시댁이나 처가 관련 문제, 성격 차이, 외도, 학대, 폭력 등 수많은 문제들을 극복하는 비율이 높다. 반면 돈이 없거나 쪼들리는 부부는 그 반대일 가능성이 높다.

"부부는 무엇으로 사는가"라는 질문을 기혼자들에게 던지면 연령대별로 다른 답이 나온다. 20~30대 부부 층에서는 '사랑'이라는 답이 가장 많이 나온다. 그러나 연령대가 40~50대로 높아지면 '돈'이라는 답을 하는 부부 비중이 가장 높게 나온다. 40~50대 이상 연령층에서 왜 그와 같은 답변이 높게 나올까? 부부로 살아가려면 사랑, 존중, 배려, 소통과 같은 행복 솔루션이 필요하다. 하지만 돈이 없으면 부부로 살아내는 것 자체가 어렵다는 것을 체득했기 때문이리라.

모 결혼정보업체가 이혼한 여성들에게 설문 조사한 결과도 이 같은 답변이 일리가 있다는 것을 증명해준다. "만약 재혼할 경우의 배우자 선택 기준"에 대해 질문한 결과다. 어떤 답이 가장 높게 나왔을까? 열에 여덟은 "배우자 될 사람의 경제력이 좋다면 성격이나 습관의 차이 등은 얼마든지 극복할 수 있다."고 응답했다. 이게 뭘 의미하는 걸까? 부부로 살아가는 데 있어, 행복한 가정을 이루는 데 있어 돈이 그만큼 중요하다는 것을 의미한다고 할 수 있다.

만약 가정마다 정서 통장이 있다면, 아마도 돈이 한 가정의 행복에 영향을 미치는 정서 통장 입출금 항목 중 가장 큰 비중을 차지하지 않을까?

06
부부가 함께
꿈꿔야 할 첫 번째

돈 문제로부터 자유로운 부부, 즉 돈자부가 되기 위해 가장 먼저 해야 할 일이 무얼까? 내 집 마련? 돈을 잘 버는 것? 돈을 아껴 쓰는 것? 재테크를 잘하는 것? 모두 아니다. 돈자부가 되겠다는 꿈을 부부가 공유하는 것이다. 한 사람만 꿈꾸고, 다른 사람은 그렇지 않은 엇박자 부부가 돈자부 되는 것은 쉽지 않다. 돈 문제로 다투다 보면 함께 생활하는 것조차 어려울 확률이 높다. 남편은 열심히 돈을 버는데 아내는 쇼핑광이거나, 아내는 만 원 한 장 쓰는 것도 아까워 할 정도로 알뜰살뜰한데 남편은 주식 투자를 한답시고 종잣돈을 반 토막 내버리는 부부들 말이다.

이 같은 부부들은 돈자부는커녕 평생 동안 내 집 마련하는 것도 쉽지 않을 수 있다. 돈 문제로 다투다가 갈등이 격화돼 잘못하면 이혼할 가능성도 있다. 우리 부부는 그럴 가능성이 낮다고? 물론 그래야 한다. 하지만 다음의 통계를 보면 그리 장담할 수 있는 것도 아니다. 한국보건사회연구원이 2012년 이혼·별거한 여성 604명을 대상으로 조사한 결과에 따르면 이혼·별거를 결정한 가장 큰 이유는 1위는 경제적 문제(26.1%), 2위는 배우자의 외도(24.1%), 3위는 성격 차이(22.2%)이다.

안타깝게도 주변에서 보면 경제적 문제에 있어서 엇박자를 내는 커플이 제법 많다. 이유가 뭘까? 가장이 실직이나 사업 실패로 돈을 못 번다는 등 부부마다 나름의 이유가 있다. 하지만 공통점은 부부 사이에 돈자부나 부자가 되겠다는 확고한 꿈과 목표가 공유되지 않는 것은 물론 아예 없는 부부가 많다는 것이다.

기업의 예를 들어 보자. 초일류 기업이 되겠다는 비전이 없는 회사는 절대 초일류가 될 수 없다. 오너나 CEO만 그와 같은 비전을 갖고 있는 기업들 역시 마찬가지다. CEO부터 말단 사원까지 모든 구성원들이 초일류가 되겠다는 회사의 비전을 만들고 공유하는 것이 초일류로 가는 첫걸음이라 할 수 있기 때문이다.

부부 역시 기업과 다를 바 없다. 돈 문제, 즉 경제적 자유를 원한다면 부부가 공유해야 할 첫 번째 꿈은 돈자부나 부자 부부가 되겠다는 것이어야 한다. 바다를 건너겠다는 꿈이 없는 사람은 결코 바다를 건널 수 없는 것과 같은 이치인 셈이다.

지금 이 순간부터 돈자부가 되겠다는 꿈을 가져라. 이제 막 결혼식을 올린 신혼부부든, 결혼한 지 20년 차가 넘은 부부든, 결혼을 앞둔 예비 부부든 모두 마찬가지다. 돈자부 정도가 아니라 슈퍼리치 부부가 되겠다는 꿈을 갖는 것도 필요하다. 돈자부 되기도 쉽지 않은데 왜 하필 부부가 함께 슈퍼리치를 꿈꿔야 하는 걸까? 먼저 슈퍼리치의 개념부터 정의해보자. 슈퍼리치에 대해 명확하게 정의된 개념이 있는 것은 아니다. 그러므로 은행 등 금융권의 기준을 예로 들어보자. 금융권에서는 보통 자신이 사는 집을 제외하고 순자산이 약 10억 원 이상인 사람을 부자라 부른다. 슈퍼리치는 순자산만 100억 원 이상인 사람을 말한다. 이 같은 기준을 제시하면 '우리 형편에 돈자부 되기도 어려운데 웬 슈퍼리치 부부?'라는 생각을 하는 이들이 많을 것이다. '오르지 못할 나무는 쳐다보지도 말라고 했는데…'라는 생각과 함께 말이다.

그렇다면 이제부터 왜 부부가 함께 돈자부를 넘어 슈퍼리치를 꿈꿔야 하는지에 대해 생각해보자. 한 문장으로 표현한다면 꿈과 목표는 클수록, 구체적일수록 좋기 때문이다. 예일대학교에서 재학생 500명을 대상으로 꿈과 목표에 대해 조사한 적이 있었다. 그런데 이들 중 3%만이 구체적인 꿈과 목표를 갖고 있었다. 8%는 꿈과 목표를 갖고는 있었지만 구체적이지 않고 막연했다. 나머지 89% 학생들은 막연한 꿈조차 갖고 있지 않았다. 흥미로운 사실은 20년 후에 이들 조사 대상 500명의 재산을 추적 조사한 결과다. 이들 500명이 보유하고 있는 전체 재산의 90%가 꿈과 목표가 구체적이었던 3% 학생들 것이었다. 꿈과 목표를 구체적으로 가질수록 성공을 통해 커다란 부를 이룰 수 있다는 사실을 증명해주는 연구 결과라 할 수 있다.

미국의 부동산 재벌 록펠러의 좌우명은 "꿈과 목표는 크면 클수록 좋다."이다. 그는 다음과 같이 강조했다.

"목표를 높은 곳에 두어야 한다. 똑같은 노력이라도 목표를 크게 가진 사람에게는 큰 곳을 향한 노력이 되고, 먹고사는 일에 급급한 목표를 세운 사람에게는 작은 노력이 되고 만다. 스스로 못할 것이라고 생각하는 것은 자신을 속이는 가장 큰 거짓말이다."

이제 왜 부부가 함께 돈자부를 넘어 슈퍼리치라는 큰 꿈을 꿔야 하는지 이해가 됐을 것이다. 물론 부부가 함께 슈퍼리치를 꿈꾸고, 그 꿈을 이룬다고 해서 부부의 인생과 그 가정이 슈퍼급으로 행복해지는 것은 아니다. 그러나 돈자부가 되겠다는 꿈은 당신 부부가 절약 생활을 실천하는 것만으로도 달성이 가능할 수 있다. 그러므로 기왕 꿈을 꿀 거면 슈퍼리치 부부라는 큰 꿈을 가져라. 그래야 당신 부부의 가슴을 들끓게 만들 수 있다. 슈퍼리치라는 큰 꿈을 이루기 위해 당신 부부는 지금보다 훨씬 더 큰 노력을 하게 되고, 진정한 혁신 또한 도모할 것이기 때문이다.

07

재테크, 가장 잘하는 일에 올인하라

돈자부가 되기 위한 조건에는 어떤 것들이 있을까? 절약하는 습관, 돈을 잘 버는 것, 돈을 잘 불리는 재財테크 능력이 필요하다. 돈을 지금보다 더 잘 벌려면 승진을 해서 연봉을 더 많이 받든지, 창업을 해서 성공을 하든지 해야 한다. 외벌이 부부는 주부 역할을 하던 사람이 돈 버는 일을 하는 방법도 물론 있다.

돈을 지금보다 더 잘 버는 부부가 되기 위한 보다 확실한 방법이 있다. 남편 또는 아내 중 한 명이나 남편과 아내 모두 무언가 잘하는 일이 있어야 한다는 것이다. 물론 잘하는 그 일은 반드시 돈을 잘 벌 수 있는 일이어야 한다. 부부 중 한 사람이라도 라면을 맛있게 끓이거나, 김밥을 가장 맛있게 만들 줄 안다면 돈을 많이 벌 수 있고 돈자부를 넘어 슈퍼리치 부부가 될 가능성 또한 높다. 돈을 잘 벌 수 있는 비결은 바로 자신이 가장 잘하는 일에 올인하는 것, 즉 재†테크다. 이 같은 방식으로 돈자부를 넘어 슈퍼리치가 된 이들을 국내외에서 쉽게 찾을 수 있다.

대표적인 사람이 사람들을 깜짝 놀라게 하는 기행을 일삼아 괴짜 CEO로 명성을 날리고 있는 영국 버진 그룹의 리처드 브랜슨 회장이다. 영국에서 버진 항공, 버진 호텔, 버진 모바일 등 200여 개의 계열사를 거느린 그 역시 자신이 가장 잘하는 일에 올인해 성공한 케이스다. 그는 글을 읽을 줄 모르는 난독증으로 인해 고등학교를 중퇴할 수밖에 없었다. 하지만 그가 벌인 첫 사업은 아이러니하게도 잡지사였다. 잡지를 편집하는 것은 물론 잘 읽을 수도 없었지만 브랜슨의 잡지 사업은 성공했다. 브랜슨이 잡지를 파는 일에는 탁월한 능력을 발휘했기 때문이다. 리처드 브랜슨은 이처럼 자신이 가장 잘하는 일만 하고, 못하는 일은 모두 자신이 고용한 직원들에게 전적으로 위임한다. 이 같은 전략으로 200여 개의 회사를 거느린 억만장자의 반열에 오를 수 있었다.

리처드 브랜슨만이 그런 게 아니다. 자수성가한 부자부터 슈퍼리치가 된 사람들의 핵심 비결 역시 재†테크다. 우리나라에도 넥슨의 김정주 회장이나 엔씨 소프트의 김택진 회장처럼 자신이 가장 잘하는 일에 올인해 슈퍼리치가 된 이들이 많다. IT나 게임 등 벤처 기업 창업자들만 슈퍼리치가 될 수 있는 것도 아니다. 주변에서 볼 수 있는 평범한 재능으로도 돈자부를 넘어 이미 슈퍼리치가 됐거나 꿈꾸는 이들 또한 많다.

서울 방배동의 카페 골목에서 '해남 원조 김밥집'을 운영하는 정기웅 씨와 그의 아내 문금석 씨가 바로 그 주인공이다. 이들 부부는 $20m^2$(약 6평) 정도의 조그만 가게에서 많을 때는 하루 5,000줄, 평균 2,000~3,000줄의 김밥을 판다. 한 줄에 2,000원이라니 하루 평균 400~600만 원 정도의 매출을 올리는 것이다. 하루 평균 김밥 2,000줄을 팔 때의 이익을 계산해보자. 매출의 30%만 순수익으로 잡아도 매일 120만 원, 한 달에 3,600만 원, 일 년이면 4억 원이 넘는다. 정기웅 사장의 어머니 때부터 2대에 걸쳐 32년째 김밥집을 운영하고 있다니 그동안 얼마를 벌었을지는 상상해보기 바란다. 이들 부부의 성공 비결은 간단하다. 30여 년 넘게 고객들로부터 역시 맛이 최고라고 인정받고 있다는 것이다. 모두가 알고 있는 사실이기 때문에 비결이라 할 것도 없다고 생각할지 모르겠다. 하지만 직접 실천해서 결과로 인정받는 것은 쉽지 않은 일이다.

분식집이나 무슨 식당을 차렸다가 일 년을 버티지 못하고 문을 닫았다는 부부, 그 정도는 아니지만 겨우 먹고사는 정도에 그치고 있는 부부들을 주변에서 제법 볼 수 있기 때문이다. 적당히 잘해서는 성공할 수 없고, 슈퍼리치 부부가 되는 것은 더욱 불가능하다. 그러므로 당신은 물론 배우자가 가장 잘하는 일이나 가장 잘할 수 있는 일로 승부를 걸어야 한다. 분식집이든, 미장원이든, 커피 전문점이든, 무슨 일을 하는지 간에 말이다. 진입 장벽이 낮아 경쟁이 심한 분야는 특히 남들보다 더 잘해야 한다. 아니 잘하는 것을 뛰어넘어 탁월해야 한다.

당신과 당신 배우자는 어떤가? 현재 가장 잘하는 일, 가장 잘할 수 있는 일을 하고 있는가? 그 분야에서 탁월한가? 명성을 날리고 있는가? 그렇다면 다행이다. 이미 성공했거나 가까운 장래에 성공할 가능성이 높기 때문이다. 그러나 사람들은 대부분 자신이 가장 잘하는 일, 가장 잘할 수 있는 일과는 관계없는 일을 하고 있다. 그들 중 대부분은 먹고살기 위해서란 이유를 댄다. 그래서 대부분 성공하지 못하고 먹고사는 정도를 유지하는 것이다.

두 사람 모두 맞벌이를 하는 평범한 급여 생활자 부부가 있다고 하자. 이런 부부는 직장에서 열심히 일하고, 7030 법칙을 독하게 실천하면 돈자부는 될 수 있을 것이다. 특히 부부 중 한 사람이 공무원이라면 더욱 확률이 높아진다. 그러나 부자 또는 슈퍼리치 부부가 되는 것은 다른 차원의 문제다.

부부 모두 리더십과 경영 능력이 뛰어나다면 문제가 될 것이 없다. 시간이 다소 걸리겠지만 그래도 50~60대가 되면 임원이 되고, CEO도 될 가능성이 있기 때문이다. 그러나 부부 모두 또는 부부 중 한 사람이 임원이 될 가능성이 적다면 결단을 내리는 것도 방법이다. 부부 중 높은 자리에 오르게 될 가능성이 적은 사람은 직장을 그만두고 가장 잘하거나 잘할 수 있는 분야에 도전하는 식으로 말이다. 그렇다고 성급하게 다니던 직장에 사표를 내라는 건 결코 아니다. 그일이 다른 사람들로부터 가장 잘한다고 인정받을 수 있어야 하기 때문이다. 또한 그 일이 반드시 돈을 잘 벌 수 있는 일이어야 한다.

슈퍼리치 부부가 되는 시기를 50~60대까지 기다릴 수 없다는 부부의 선택지 역시 마찬가지다. 돈을 더 빨리, 더 많이 벌기 위해서는 내 직장을 갖는 것보다 내가 가장 잘할 수 있는 일을 하는 것이 훨씬 더 유리하다.

계란을 한 바구니에 담지 말라는 말이 있다. 무언가에 투자할 때, 즉 재財테크를 할 때 리스크를 분산시켜야 성공할 수 있다는 것을 강조한 말이다. 그러나 자신의 재능에 올인해야 하는 재才테크는 재財테크와는 다르다. 당신 또는 배우자가 동원할 수 있는 계란 전부를 한 바구니에 담아 그 바구니에 올인해야 한다. 그래야 성공 확률을 높일 수 있고, 더 빨리 더 많은 부가가치를 창출할 수 있기 때문이다.

이번에는 다음의 문제에 대해 생각해보자. 자신이 가장 잘하는 일이 없다는 사람들은 어떻게 해야 할까? 1만 시간 동안 집중해서 노력하면 성공할 수 있다는 1만 시간의 법칙이란 말을 믿고 현재 하고있는 일이나 하고 싶은 일을 우직하게 밀어붙이면 될까? 물론 그렇게 노력하면 언젠가는 성공할 수도 있을 것이다. 하지만 재능이 없이 노력하는 것은 그다지 효율적이 못하다. 2014년 7월에 발표된 미국 미시간 주립대의 연구 결과에 따르면 재능이 없는 상태에서의 노력은 성공에 영향을 주는 비중이 그다지 높지 않다고 한다. 노력이 해당 분야에서 다른 사람들과 비교해 가장 잘하는 상태에 미치는 영향은 게임이 26%, 음악이 21%, 스포츠 18%, 공부 4%로 나타났다. 결국 선천적 재능을 타고난 분야에서 노력해야 가장 잘하는 경지에 오를 수 있다는 것이다.

그렇다고 다른 사람들에 비해 잘하는 일이 없더라도 실망하지 마라. 자신이 가장 잘할 수 있는 일을 만들면 된다. 예를 들면 가장 잘 웃는 것이다. 잘 웃는 사람은 대인관계가 좋을 확률이 높다. 그러므로 세일즈를 하거나 은행 PB나 지점장이 되거나 화장품이나 이동통신 대리점을 창업해도 성공할 확률이 높다. 고객과 공감하는 능력이 뛰어날 자질을 갖고 있기 때문이다.

08

징후를 읽으면
돈이 보인다

돈자부가 되기 위한 방법으로 많은 가정에서 주식이나 펀드, 부동산과 같은 재財테크를 선택한다. 커피 전문점·제과점 등 외식 관련 프랜차이즈 가맹점이나 자영업 창업에도 도전한다. 그러나 안타깝게도 돈을 버는 사람들보다 실패하는 사람들이 더 많은 게 현실이다. 퇴직금에 대출까지 받아 2~3억을 투자했다가 1~2년 만에 대출받은 원금도 회수하지 못하고 돈을 날리는 안타까운 사례들도 주변에서 쉽게 볼 수 있다. 30대 부부라면 재기의 기회라도 있지만 40대, 50대 부부는 다시 일어설 수 없을 정도의 큰 타격이다.

돈을 버는 것 못지않게 지키는 것도 중요하다. 그런데 많은 가정에서 돈을 벌기 위해 투자나 창업에 나섰다가 오히려 돈을 잃는다. 이유는 무얼까? 준비가 부족했다든지 같은 저마다의 이유가 있다.

하지만 공통점을 꼽으라면 돈을 벌 수 있는 징후를 읽지 못했다는 것이다.

생계형 자영업 창업의 예를 들어보자. 사람들이 식당이나 치킨 점, 커피 전문점, 제과점, 편의점 등의 자영업 창업에 실패하는 이유는 크게 두 가지다. 하나는 준비가 덜 된 상태에서 무모하게 창업에 나선다는 것이다. 다른 하나는 경쟁이 너무 심하다는 것이다. 우리나라의 자영업 창업 시장은 세계 최고 수준의 경쟁률을 보이고 있다. 2014년 기준, 전체 취업자 수 대비 자영업 종사자 비율이 22.1%다. OECD 34개국 중 터키, 그리스, 멕시코 등 30% 내외를 기록하고 있는 국가들 못지않게 높다. 반면 일본은 11% 선이고 스웨덴 같은 북유럽 국가들은 7~9% 선이다. 우리가 거의 세 배 수준이나 높다. 이 통계가 의미하는 것은 자영업 창업을 해도 성공할 확률이 그만큼 낮다는 것이다. 경쟁이 너무 치열하기 때문이다. 우리나라 자영업 창업 시장은 돈을 벌 징후가 낮은 시장이다. 그래서 자영업 창업자의 십 중 칠이 5년 내 폐업하는 것이다.

우리나라에서 자영업으로 돈 벌 확실한 징후는 자영업 종사자 비율이 10% 이하로 내려갈 때이다. 그러므로 현재와 같이 돈 벌 징후가 낮은 시장 환경에서는 가급적 자영업 창업을 하지 않는 게 좋다. 그러니 섣불리 다니던 직장을 그만둬서도 안 된다. 월 100만 원을 받을 수 있는 일자리가 있으면 그 일을 하는 게 돈 버는 길이다.

특히 김밥집이나 한식당 등 먹는 업종은 맛이 최고라는 평가를 들을 자신이 없으면 창업하지 마라. 지금 당장 돈을 벌어야 한다 해도 경쟁을 이겨낼 자신이 있을 경우에만 창업하란 뜻이다. 화장품 로드숍, 우유·주류·편의점 등 경쟁이 치열한 업종이나 프랜차이즈 가맹점 역시 마찬가지다. 최고가 될 자신이 없으면 절대 창업하지 마라.

그렇다고 생계형 자영업 창업 시장에서 돈을 벌 기회가 전혀 없다는 것은 결코 아니다. 아무리 경쟁이 치열해도 성공하고 돈을 버는 사람들은 반드시 있기 때문이다. 실제로 돈을 많이 벌었다는 사람들도 있다. 그러나 그런 사람들은 소수다. 평균적인 사람들이 돈을 벌 징후가 확률적으로 낮다는 것이다.

한때 고소득 전문직으로 각광받던 변호사나 의사 같은 소위 '사'자 직업을 선택하는 것 역시 마찬가지다. 아직도 돈을 잘 버는 이들도 많지만 변호사나 의사 수가 많아지면서 중하위 그룹의 소득은 점점 줄어들고 있다. 물론 직업으로서의 사명감을 가지고 도전하는 것이야 문제가 없다. 하지만 미래에도 평균적으로 돈을 잘 벌 직업이냐는 관점에서 보면 그 징후가 그만큼 낮다는 것이다. 변호사나 의사 임용 정원을 현재보다 줄이지 않는 한 말이다. 자녀가 직업으로 선택하고자 할 때 참조하기 바란다.

이번에는 주식이나 펀드, 부동산 등 무언가에 투자할 때 징후를 읽는 안목을 키우는 것이 왜 중요한지 알아보자. 미래에셋그룹 박현

주 회장이 이런 말을 했던 적이 있다.

"돈을 벌 수 있는 징후, 즉 매매 시기를 족집게처럼 맞추는 것은 무척 어려운 일이다."

맞는 말이다. 그러나 시장에 대폭발이나 대폭락이 일어날 징후는 관심을 갖고 노력하면 누구라도 읽을 수 있다. 역사적으로 보면 주식이든 부동산이든 금과 같은 실물 자산이든 투자와 관련된 시장에서는 폭락과 반등이 반복되고 있기 때문이다.

"1929년 10월 24일에 터진 미국 최악의 주가 폭락으로 인한 대공황, 하루 만에 미국 다우지수가 20%나 폭락한 1987년 10월 19일의 '블랙 먼데이', 1997년 말에 터진 우리나라의 외환 위기, 2008년 미국발 글로벌 금융 위기."

위에서 언급한 사건들은 금융 시장은 물론 실물 경제를 대폭락시킨 대표적인 사건들이다. 이 같은 역사적인 대폭락의 사건들이 주는 교훈 중에서 우리가 배워야 할 것은 무엇일까? 대부분의 사람들은 파산했지만 어떤 사람들은 엄청나게 큰돈을 벌었다는 것이다. 어떤 사람들이 돈을 벌었을까? 대폭락, 즉 재財테크 쓰나미의 징후를 읽는 안목이 있는 사람들이다. 여기서 말하는 재財테크 쓰나미란, 1997년 말에 터진 외환 위기나 2008년 9월에 터진 미국발 글로벌 금융 위기와 같이 금융 시장은 물론 경제 전반에 엄청난 충격을 주는 사건을 말한다.

그렇다면 재財테크 쓰나미는 어떤 징후를 보일까? 어떻게 폭락과 폭등의 징후를 알 수 있을까? 차트를 통한 기술적 분석과 같은 방법으로 알 수 있을까? 차트 분석의 신봉자들은 "충분히 알 수 있다."고 말한다. 물론 주가 급변동에 영향을 미치는 빅 변수들이 발생하지 않을 때는 어느 정도 상승과 하락의 징후를 예측해낼 수 있다. 그러나 1997년 외환 위기나 미국발 금융 위기와 같은 쓰나미급 위기가 발생할 때는 속수무책인 경우가 대부분이다. 차트를 통한 기술적 분석으로는 그와 같은 경제 위기 상황에 반응하는 인간의 변화무쌍한 심리와 태도 등을 예상해 주가 상승이나 하락의 징후를 예측하는 것이 불가능하기 때문이다. 그래서 어떤 이들은 주가 버블과 대폭락, 즉 쓰나미급 경제 위기의 징후는 신이 아닌 이상 정확히 예측할 수 없다고도 말한다.

정말 그럴까? 그렇지 않다. 재財테크 시장의 대폭락 징후는 2011년 동일본 대지진 때 발생한 쓰나미처럼 일어날 징후를 전혀 파악할 수 없는 것이 아니다. 물론 2001년의 '9·11 테러' 같은 정치적 변수에 의한 것은 예측이 쉽지 않다. 하지만 경제적 변수에 의한 재財테크 쓰나미의 징후는 얼마든지 읽을 수 있다.

1997년 외환 위기를 예로 들어보자. 당시 국내에 거주하던 대다수 국민들은 속절없이 당했다. 하지만 해외 유수의 언론이나 전문가들은 우리나라가 심각한 경제 위기를 겪을 가능성이 높다고 예상했다.

그렇다면 대부분의 내국인들은 왜 그와 같은 외환 위기의 징후를 읽지 못했을까? 다양한 원인이 있겠지만 두 가지 정도가 주원인이다. 첫 번째는 당시 정부에서 외환 위기는 발생하지 않을 것이라며 강력하게 부인했다는 것이다. 대부분의 국민들은 정부의 발표는 액면 그대로 믿으려는 경향이 있다. '설마, 정부가 국민을 속이겠어?'라고 생각하기 때문이다. 그러나 이는 잘못된 생각이다. 정부 당국자들이 시장을 안정시키기 위해 의도적으로 그렇게 발표하는 경우도 있고, 그들 역시 그런 징후를 제대로 읽지 못할 수도 있기 때문이다.

두 번째는 국내 전문가들은 물론 국민들 대부분도 '설마 그와 같은 경제 위기가 오지는 않을 거야.'라는 안이한 생각을 했다는 것이다. 이 같은 주장에 동조하는 경제학자들이 있다. 하버드대의 맥스 베이저만과 마이클 왓킨스 교수가 바로 그들이다. 그들 역시 주가 버블과 대폭락 전에 반드시 경고 신호들이 나타난다고 말한다. 사람들이 그 경고 신호를 무시하는 게 문제라는 것이다.

그렇다면 사람들은 왜 이 같은 경고 신호를 무시하는 것일까? 행동 재무학자인 제임스 몬티어는 다음과 같은 다섯 가지 이유를 들고 있다. 지나친 낙관, 자신이 투자의 위험을 충분히 통제할 수 있다고 믿는 환상, 하루하루만을 보는 근시안적인 투자 안목, 자신의 생각이 옳다고 믿는 이기적 편향, 나무만 보고 숲이나 산 전체를 보지 못하는 부주의 등이 그것이다.

이 같은 원인들로 인해 대부분의 사람들이 재테크 쓰나미급 위기의 징후를 전혀 읽지 못한다는 것이다. 실제로 1997년 12월에 터진 외환 위기가 그랬다. 외환 위기가 터지기 이전에 국내외 경제연구소나 전문가들이 수많은 경고 신호를 보냈지만 소용이 없었던 것이다. 결과는 당신도 알다시피 참혹했다. 2008년의 미국발 글로벌 금융 위기 역시 마찬가지였다. 수많은 경제 전문가들이 쓰나미급 리스크가 될 것이라 경고했다.

2011년에는 유럽발 재정 위기도 터졌다. 이 같은 관점에서 본다면 다음번에는 우리나라 가계 부채로 인한 경제 위기나 중국이나 일본 등 동아시아 자산 가치 폭락에 의한 위기가 올 수 있는 것이다. 그 같은 위기의 징후를 예측한 금융 전문가도 있다. 증권 등의 리서치 분야에서 25년간 일하다 서강대 겸임교수로 있는 김영익 교수가 주인공이다. 김 교수는 2017년 전후로 중국발 금융위기가 올 징후가 있다고 예측했다. 김 교수의 근거는 이렇다.

"중국이 과잉 투자 문제로 시달리면서 기업과 은행이 부실해지고 이를 처리하는 과정에서 해외에 투자한 자금 일부를 환수할 수밖에 없다. 이는 달러 가치 하락을 통해 미국 경제에 심각한 타격을 주고, 전 세계 금융 시장에 큰 충격을 줄 것이다."

김 교수 말고도 중국발 경제 위기를 경고한 이들은 많다. 이처럼 재테크 쓰나미급 위험의 징후를 경고하는 전문가들은 언제나 있다.

그들은 여러 경제 지표들을 내세워 닥쳐올 위험에 대비하라고 말한다. 그러나 대부분의 사람들은 이를 귀담아듣지 않는다. 제임스 몬티어가 말한 다섯 가지 이유 외에도 인간에게는 자신이 생각하는 것과 모순되는 정보를 접하면 이를 부정하려는 심리가 있기 때문이다. 심리학에서 말하는 '인지 부조화'라는 현상이다.

사고 팔아야 할 징후를 높이는 안목을 키워라. 그렇게 되려면 자신의 생각과 배치되는 전문가들의 경고를 귀담아들어야 한다. 그 길이 바로 돈을 많이 벌 절호의 찬스, 즉 징후를 읽는 안목을 키우는 방법이기 때문이다. 이제부터는 전문가들의 경고를 그냥 듣는 것으로 그치지 마라. 보다 적극적으로 앞으로 다가올 재테크 쓰나미 징후에는 어떤 것들이 있고, 그런 상황이 닥치면 어떻게 대처할지 미리 시나리오를 갖고 대비하는 것이 좋다.

당신 부부가 경제 전문가가 아니라도 상관없다. 리스크가 현실화되기 전에 수많은 전문가와 언론에서 그 징후들을 들춰내줄 것이기 때문이다.

09
파리에서의 마지막 밤

어느 덧 화영과 진수 여행 팀이 탄 고속 열차가 파리 시내로 들어서고 있었다. 파리에 도착한 시간은 낮 12시 53분이었다. 점심 식사 후, 일행은 본격적인 파리 관광에 나섰다. 관광을 마치고 저녁 식사 후 일정은 자유시간이었다. 일부는 호텔로 바로 이동했고 일부는 에펠탑 전망대에 올라 파리의 야경을 감상하겠다며 옵션 관광에 나섰다. 화영과 진수도 언제 다시 올지 모른다는 생각에 에펠탑 야경 관광에 나섰다.

야경 관광까지 마치고 화영과 진수는 좀 더 파리 시내를 구경하자는 회장 부부의 제안을 정중히 거절하고 택시를 타고 호텔로 향했다. 택시 안에서 두 사람은 아무도 입을 열지 않았다. 그렇게 무거운 표정을 짓고 있는 두 사람을 택시 기사가 이상하다는 듯이 힐끔힐

끔 쳐다보곤 했다.

호텔 방에 들어가자 이번 여행의 여느 날들처럼 화영이 먼저 씻으러 욕실에 들어갔다. 화영이 씻고 있는 동안 진수는 자신의 침대에 비스듬히 앉아 낮과 방금 전에 찍었던 사진을 지우려다 잠시 멈췄다. 다른 날들의 사진은 다 지웠지만 오늘 사진만큼은 영 내키지 않았기 때문이다.

진수가 씻으러 욕실로 들어가자 화영은 망설였다. 그냥 잘 것인지, 아니면 진수와 파리에서의 마지막 밤에 둘만의 시간을 가질 것인지에 대해. 한참을 고민하던 화영은 거울 앞에 있는 또 다른 자신에게 속삭이듯 말했다.

"그래, 네가 일단 머리를 숙이고 들어가 봐. 그런 다음에 네 마음을 확실하게 정해도 뭐 문제 될 건 없잖아."

생각을 정하고 나자 화영은 마음이 바빠졌다. 진수가 샤워를 다마치고 나오기 전에 파리에서의 마지막 밤을 위한 둘만의 간이 파티를 준비해야 했기 때문이었다. 이 파티가 쿨하게 헤어지기 위한 종파티가 되든, 새로운 출발을 위한 발판이 되든 상관할 바가 아니었다. 화영은 파리 시내 관광 중에 산 보르도산 와인을 꺼냈다. 잠시 후, 진수가 샤워를 마치고 나오다 와인과 잔을 보더니 말했다.

"웬 와인이야?"

자신의 속내를 모를 리 없겠지만 짐짓 이렇게 말하는 진수를 향해 화영이 부드러운 말로 되받았다.

"오늘 밤이 우리 둘만이 가질 수 있는 마지막 밤일 거잖아."

"그렇긴 하군."

진수가 다가와 의자에 앉자 화영이 먼저 진수의 잔에 와인을 따랐다. 진수 역시 화영의 잔에 와인을 따르며 말했다.

"가만 있자. 뭐라고 건배하지? 해당화? 돈자부? 뭐가 좋을까?"

이렇게 말하는 진수를 보며 화영이 말했다.

"난 돈자부가 맘에 들던데."

화영이 와인 잔을 앞으로 내밀었다. 진수 역시 동의한다는 듯 잔을 내밀었다. 두 사람은 와인 잔을 가볍게 부딪쳤다. 두 사람은 말없이 와인에 입술을 갖다 댔다. 잠시 동안 침묵이 흘렀다. 지금쯤이면 쿨하게 헤어지자는 마음으로 가득 차 있어야 할 텐데 여행 탓인지, 아니면 여행 중에 만났던 사람들과 나눴던 이런저런 이야기 탓인지 두 사람의 마음에 균열이 왔기 때문이다.

와인 한 잔을 더 마시고 나서 화영이 천천히 입을 열었다.

"난 이번 여행을 통해서 정말 많은 걸 느꼈어."

"그래? 무엇을 느꼈는데?"

"진수 씨는 부부가 행복하게 살아가는 데 있어 가장 필요한 덕목이 뭐라고 생각해?"

화영이 이렇게 묻자 진수가 말했다.

"그거야 뭐. 사랑과 신뢰, 존중과 배려 같은 거 아닐까?"

"맞는 말이지. 하지만 난 사랑이나 신뢰 이전에 회장님 말씀처럼 존중과 배려가 우선이라고 생각해. 조금 더 여유롭게 살아보겠다며 가정을 뛰쳐나와 생활 전선에 뛰어든 아내를 인생의 진정한 동반자로서 존중해줘야 한다는 거지."

화영이 여기까지 말하고 나서 진수의 표정을 살폈다. 그러나 진수는 아무 말도 하지 않고 있었다. 그런 진수를 향해 한숨을 쉬며 화영이 말했다.

"진수 씨는 날 진정으로 존중해주고 배려해줬다고 생각해?"

"배려하니까 은서 데리고 자고 목욕시키고 설거지하고 그랬지."

잠시 동안의 침묵을 깨고 진수가 퉁명스럽게 말했다.

"듣고 보니 그런 것 같네. 난 진수 씨의 진정성이 아쉽더라고. 날 정말 동반자로서 존중하는 게 아니고 그저 살림 잘하며 돈까지 잘 벌어주는 내조자 정도로 생각한다는 느낌을 많이 받았거든. 나도 물론 진수 씨를 존중해주지 못했지. 주식 투자 실패해서 생활비 안 줬다고 무시했고 장남으로서 어머니 모시고 살자는 것도 반대했으니까."

화영은 작심한 듯 마음속에 있던 말들을 토해냈다. 진수는 묵묵히 화영의 이야기를 듣고 있었다. 사실 곰곰이 생각해보니 화영의 말이 결코 틀린 말은 아니라는 생각이 들어서였다. 잠자코 있는 진수를 향해 화영이 다시 말문을 열었다.

"맞벌이를 원하는 이 시대의 남편이라면 그 무엇보다도 아내를 최우선으로 배려하고 존중해줘야 하는 거 아니야? 시부모 모시기나 시댁에 잘하라는 건 옛날 유물이라는 거지."

화영이 계속 열변을 토해내도 진수는 아무런 말도 하지 않았다. 회장 부부와의 대화가 없었다면 단번에 자신만의 논리를 앞세워 화영의 말을 부정했을 터였다. 하지만 회장 부부와 대화하면서 행복한 가정을 꾸리는 데 있어 가장 중요한 것이 아내의 입장을 먼저 존중해주는 것이란 사실을 깨달았다.

진수를 향해 화영이 다시 말했다.

"현명한 사람은 변화에 잘 적응하는 사람이지 않을까? 회장님처럼 말이야."

진수도 화영의 말이 일리가 있다고 생각했다. 그런 생각에 잠겨 있는 진수를 향해 화영이 또다시 말했다.

"현명하게 살려면 회장님이나 현진 아빠처럼 진수 씨도 변해야 한다고 생각해."

이제까지 잠자코 듣고 있거나 소극적인 대응을 하던 진수가 화영의 이번 말에는 반발하듯이 말했다.

"나도 청소도 하고 설거지도 열심히 하잖아. 은서 돌보는 일 또한 다른 어떤 아빠들 못지않게 하는 편이고."

"물론 하고 있지. 그런데 최근 들어 이런저런 핑계 대는 진수 씨를 보면서 진정 나를 존중하고 배려하는 마음이 없기 때문이란 걸 많이 느꼈어. 앞으로 회장님이 그랬던 것처럼 변신할 수 있겠어? 현진네처럼 100억대 슈퍼리치 부부가 되겠다는 꿈이 있어?"

화영이 다짐받듯이 묻자 진수도 어느 정도는 수긍한다는 눈치였다. 이 시대가 요구하는 부부간의 새로운 역할에 대해서는 화영의 말에 별다른 이의가 없었기 때문이다. 이미 많은 부분을 실천하고 있기도 했고 회장 부부, 현진 아빠 엄마와 얘기를 나누면서 자신이 앞으로 어떻게 행동해야 할 것인지도 생각해온 바가 있었다. 그러나 진수는 아직도 무언가 불만이 남아 있다는 표정을 짓고 있었다. 부부간에 신뢰가 없으면 존중과 배려의 마음도 있을 수 없다는 생각이었다. 서로에 대해 순결을 지키는 것이 부부가 화목하기 위해 지켜야 할 첫 번째 본분이란 생각이 머리를 떠나지 않고 있었던 것이다. 화영이 끝내 먼저 그 이야기를 꺼내지 않자 이번에는 진수가 작심한 듯 말했다.

"그런 일이야 어렵지 않지. 나도 앞으로 어떻게 살든 현진 아빠나 회장님처럼 변하겠다고 굳게 마음먹었으니까. 하지만…"

진수가 여기까지 말하자 화영이 진수의 속마음을 꿰뚫고 있다는 듯이 말했다.

"진수 씨가 나한테 가진 불만이 뭔지 알아. 내가 바람피웠다는 거지? 좋아, 인정할게. 어찌어찌하다 보니까 딱 한 번 실수했어. 하지만 뼈를 깎는 마음으로 반성했고 앞으로도 반성할 거야. 진심으로 사과할게. 진수 씨도 룸살롱이나 나이트클럽 같은 데 가서 바람피웠을 테니 피장파장 아니냐는 말도 이젠 하지 않을게."

화영은 눈물을 주르륵 흘렸다. 한순간의 실수에 대한 속죄의 눈물이기도 했다. 진수의 마음을 그토록 짓누르고 있던 뇌관이 터진 셈이었다. 그러나 막상 뇌관이 터지고 나자 진수는 무슨 말을 해야 할지 막연했다. 사과로는 부족하니 무릎 꿇고 빌라고 하기도 그렇고, 그냥 어물쩍 넘어가기도 그랬다. 그렇다고 각서를 쓰라고 요구하는 것도 좀 그렇다는 생각이 들었다. 화영의 자존감을 건드려선 안 된다는 생각이 들었기 때문이다. 이런저런 생각 끝에 박 사장이 던진 말이 떠올랐다.

'자신의 외도를 인정하고 사과까지 하더니 그 약효가 6개월도 가지 않더라고.'

순간 진수는 자신도 모르게 한숨을 내쉬었다. 그러나 이제 분명한 것은 공이 진수에게 넘어왔다는 것이었다. 진수의 머릿속이 또다시 복잡해졌다. 여행을 떠나기 전 약속대로 쿨하게 헤어지자고 하든지, 화영과 화해를 하고서 회장 부부와 현진네 가족을 롤모델로 삼아 힘찬 새 출발을 하든지, 아니면 박 사장처럼 무늬만 부부인 은서 아빠와 엄마로 살 건지를 정해야 했기 때문이다. 결론을 내지 못한 듯 한동안 생각에 잠겨 있던 진수가 와인 잔을 입에 갖다 대며 이렇게 말했다.

"나한테 생각할 시간을 좀 줘."

"그래, 알았어."

두 사람의 대화는 끝이 났다. 화영이 테이블을 정리하고는 침대로 올라가 누웠다. 진수 역시 방 안의 불을 끄고 자기 침대에 올라 잠을 청했다. 그러나 진수와 화영 모두 쉬이 잠이 올 리 없었다. 화영은 등을 돌리고 누워 생각에 잠겨 있었다.

'진수 씨가 내 곁으로 다가오면 어떡하지? 차갑게 뿌리칠까? 아님 못 이기는 척하고 받아들여?'

그러나 화영의 생각은 기우였다. 진수가 끝내 화영에게 다가가지 않았기 때문이다. 진수는 화영의 외도 문제를, 아니 화영의 사과를 받아들일 것인지 말 것인지 쉽게 마음을 정할 수 없었다.

진수는 속으로 중얼거렸다.

'지금 화영의 사과를 받아들이기는 조금 이른 것 같아. 박 사장의 경우를 보면 좀 더 시간을 두고 지켜봐야 할 것 같단 말이야.'

이처럼 화영과 진수 두 사람은 이혼 여행 떠나기 전 쿨하게 모든 것들을 정리하자며 약속했던 것들은 까맣게 잊은 채 전혀 다른 문제들을 가지고 줄다리기를 하고 있었다.

10
행복한 가정을 만드는
최고의 처방전

　유럽 3개국 여행의 마지막 날 아침이 밝았다. 일행은 호텔에서 아침 식사를 한 후, 파리 근교로 이동해서 초호화 궁전인 베르사이유 궁전을 관람했다. 파리 시내 관광을 마치고 일행은 한식당으로 이동해 저녁 식사를 한 후 공항으로 이동했다.

　인천 공항에 도착한 시각은 오후 3시경이었다. 11시간의 비행과 기내에서 1박을 한 탓에 다들 피곤했는지 여행 팀 멤버들은 입국 심사대를 통과하는 동안에도 별다른 말없이 무표정한 표정들이었다. 입국 심사를 통과한 뒤 수화물을 찾기 위해 기다리고 있는 화영과 진수를 바라보며 회장 부부가 나지막이 말을 주고받았다.

　"여보, 저 두 사람 아무래도 좀 이상하지 않아요? 여행 둘째 날인가? 왜 우리랑 로마에서 맥주 마시며 얘기했던 날 있잖아요. 그때 보니 좀 이상해서 여행 기간 내내 살펴봤거든요. 당신은 이상한 점 못 느꼈어요?"

"나도 좀 그렇긴 하더구먼. 어찌 보면 이별 여행 온 부부 같기도 하고 아닌 것 같기도 하고."

"맞아요. 꼭 이혼하기 전에 여행 온 부부들 같더라고요. 여보, 저 두 사람 앞으로 어떻게 될 것 같아요?"

"글쎄, 잘 될 것 같기도 하고 아닌 것 같기도 하고."

"이 양반, 무슨 말이 그래요? 그럼 나랑 내기할래요? 난 잘 될 거라는 쪽이거든요? 당신은 반반이라니까 나와 반대로 걸어요."

"무얼 걸 건데?"

"평생 안마해주기요."

"그럼 이기는 사람이 원할 때 안마해 달라면 평생 동안 해주기로 할까?"

"좋아요, 호호. 연락처는 받아놨으니까 6개월 후에 연락해보자고요."

이렇게 말하며 회장 부부는 인천공항 입국장을 빠져나가는 화영과 진수의 뒷모습을 바라보고 있었다. 진수가 시야에서 사라지려 하는 순간에 회장이 혼자 중얼거렸다.

"이봐, 김 대리! 부부는 무엇으로 사는지, 어떻게 살아내야 하는지 이젠 잘 알았지? 존중과 배려, 사랑으로 산다고? 돈이 있어야 행복한 가정을 만들 수 있다고? 모두 맞는 얘기야. 하지만 난 두 가지가 더 중요하다고 생각해. 하나는 각자의 본분을 다하는 것이고, 다른 하나는 무슨 일이 있어도 부부는 한 이불 덮고 살아야 한다는 거야. 그게 바로 진정한 존중이고 배려야. 살다 보면 안 싸우는 부부가 어디 있겠어? 싸우고 나서 각방 쓰고 그러면 몸도 마음도 점점 멀어질 수밖에 없잖아. 그러니 무슨 일이 있어도 일단 한 이불 덮고 자라고. 이게 바로 김 대리 가정을 행복한 상태로 만드는 최고의 처방전이야. 내 말 명심해!"

이렇게 중얼거리는 회장 옆에서 또 한 사람이 사라져가는 두 사람의 모습을 물끄러미 지켜보고 있었다.

"김 대리, 부디 총무님은 물론 자녀들과도 소통을 잘 하기 바라네. 열심히 일만 한 당신 떠나라는 소릴 듣지 않으려면. 가장이 돈만 잘 번다고 그 가정이 행복해지는 게 아니더라고. 나처럼 불통 가정의 가장이 돼서 돈 버는 기계로 전락하지 않으려면 가족끼리 소통을 잘 해야 돼…"

바로 그때 진수가 뒤를 돌아보더니 두 사람을 향해 손을 흔들었다.

에필로그

존경받는 엄마, 아빠가 돼라

열심히 공부하고 열심히 일하면 누구나 경제적 보상을 얻고 신분 상승도 이루는 시절이 있었다. 그러나 지금은 쉽지 않다. 그래선지 지금의 사회를 "개천에서 용 나던 시절은 갔다"거나 계층 상승의 사다리가 부서졌다며 '신봉건주의 시대'라고 말하는 이들도 많다. 물론 계층 상승이 전혀 불가능한 것은 아니다. 그러나 점점 더 어려워지고 있는 것만은 분명한 사실이다. 열심히 노력해도 왜 신분 상승이 어려운 걸까? 부도 가난도 대물림되는 시대를 살고 있기 때문이다.

그렇다면 가정 행복은 어떨까? 가정 행복도 마찬가지다. 부모의 지적·신체적·정신적 유전자만 대물림되는 게 아니다. 가정 행복에 영향을 미치는 유전자들도 대물림된다. 가정 폭력을 행사하는 아버지 밑에서 자란 아들 역시 결혼해서 폭력 남편, 폭력 가장이 될 가능성이 그래서 높은 것이다. 그러므로 자녀가 가정을 이루고 행복하게 살기를 원한다면 다음의 2가지를 실천하는 것이 중요하다.

첫째는 가르쳐야 한다는 것이다. 최근의 우리 가정을 보면 자녀교육이 과거에 비해 많이 줄어든 편이다. 옛날의 가정에서는 삼강오륜과 같은 사람으로서의 도리와 윤리에 대해 가르쳤다. 그렇다면 현재 우리 가정에서의 자녀 교육 실태는 어떨까? 과거에 비해서 확실히 줄었다고 할 수 있다. 교육의 3대 주체는 가정, 학교, 사회다. 그런데 가정에서의 교육 기능 대부분을 학교와 사회에 떠넘기는 편이다. 물론 많은 가정에서 자녀를 대상으로 교육을 한다. 대부분 기본 예절이나 진로, 학습 방법 등과 관련된 것이다. 그러나 부유층 가정은 다르다. 자녀를 대상으로 어렸을 적부터 돈과 경제의 개념, 투자에 대해서도 가르친다. 말로만 가르치지 않고 행동으로도 보여준다. 중요한 부동산 계약을 할 때나 펀드 투자를 할 경우에도 자녀를 직접 현장에 데리고 가는 식이다. 행복한 가정을 이루기 위해서는 돈과 관련된 경제 교육만 필요한 게 아니다. 각자의 본분 다하기, 존중, 배려, 소통과 관련한 교육을 더 우선적으로 가르쳐야 한다. 이런 관점에서 우리 두 사람은 이 책이 바로 이 세대의 삼강오륜, 가정교육의 롤모델임을 제시하고자 했다.

둘째, 부모가 행동으로 모범을 보여야 한다. 자녀는 부모의 언행을 알게 모르게 보면서 배운다. 모범은 말로 하는 것도 마음속에 담아두는 것도 아니다. 행동으로 보여주는 것이다. 마음속에 담아두고만 있다가는 평생 후회하는 일이 생길 수도 있다. 가족 관계는 아름다운 꽃과 같다. 갈등의 시간이 오래 지속되거나 무관심하다 보면 생기를 잃고 결국은 시들고 만다. 행복한 가정을 이루기 위한 것도 마찬가지다. 가족 모두가 서로에게 관심을 갖고 존중과 배려, 소통하는 행동을 보일 때 생기가 돌아 자신감을 갖고 본분을 다할 수 있다. 가족끼리 장점은 인정해주고 단점은 포용하라. 특히 부부는 더 그래야 한다. 자녀들이 알게 모르게 배우기 때문이다. 자신의 부족한 점을 솔직하게 인정하는 용기도 필요하다. 부부가 서로 조건 없이 가족 모두에게 사랑을 베풀고 소통해야 한다. 가정 행복의 진원지는 바로 부부이기 때문이다.

위 두 가지를 가르치고 실천으로 모범을 보이는 것이 필요하다. 자녀를 인정하고 존중하는 것 역시 중요하다. 부모로부터 인정받는 자녀들은 어떤 어려운 현실과 부딪혀도 이겨내는 내공이 쌓이기 때문이다. 그러나 이게 전부가 아니다. 자녀들로부터 존경받는 엄마, 아빠가 되는 것도 매우 중요하다. 우리나라 국민 10명 중 8명은 자신의 부모를 존경받을 만한 분이라고 생각한다는 조사 결과가 있다. 그렇다면 부모의 무엇을, 왜 존경한다는 것일까? 이 같은 질문에 명쾌하게 답변을 하지 못하는 사람들이 대부분이다. 무엇으로 존경받는 것이 좋을까? 당신의 자녀가 대학 입학이나 입사 면접관으로부터 부모님의 어떤 면을 존경하느냐는 질문을 받았을 때 "이렇듯 번듯하게 잘 키워주셔서." 같은 답변을 하게 해서는 안 된다. 이런 답변은 어떨까?

"아빠는 스칸디 대디면서 프렌디셨습니다."

"엄마는 칭찬의 달인이십니다. 제가 여기까지 올 수 있었던 것은 엄마의 칭찬의 힘 덕분입니다."

"저희 엄마, 아빠는 정말 금실이 좋으십니다. '취함부'시거든요."

부디 존경받는 엄마, 아빠가 되시길!